DE L'IMPRIMERIE D'A. BÉRAUD,

RUE DU FOIN SAINT-JACQUES, Nº. 9.

HISTOIRE

DES

PRISONNIERS CÉLÈBRES.

TOME XI.

CAPTIVITÉ

DU PRINCE DE CONDÉ

ET DE SES FRERES,

DE RÉGNARD

ET DE MARMONTEL;

Rédigée et mise en ordre

Par M. PAUL de P......

PARIS,

LOCARD et DAVI, LIBRAIRES,

QUAI DES AUGUSTINS, N°. 3.

1821.

Regnard.

PRISONNIERS CÉLÈBRES.

CAPTIVITE

DU PRINCE DE CONDÉ

ET DE SES FRÈRES.

LE grand Condé n'aimait pas Mazarin, et ne laissait échapper aucune occasion de le mortifier ; celui-ci jura de s'en venger. Profitant des troubles que la minorité de Louis XIV avait amenés, Condé chercha à étendre son pouvoir et ses richesses ; Mazarin profita de cette circonstance pour le perdre. Il le peignit à la régente comme un ambitieux qui se préparait à se saisir du pouvoir suprême, et la détermina à le faire arrêter, ainsi que son frère, le prince de Conti, et son beau-frère, le duc de Longueville.

Ces trois princes furent attirés au Palais-Royal, sous prétexte d'assister à un conseil que le prince de Condé devait présider. Plusieurs personnes leur avaient recommandé de n'y jamais aller tous trois ensemble; mais ils négligèrent ce sage avis, ou plutôt la ruse de leur ennemi mit leurs précautions en défaut. Le duc de Longueville était à Chaillot; Mazarin lui manda qu'il serait question au conseil qui allait avoir lieu d'une affaire importante qui le concernait, et qui exigeait sa présence; ce prince se rendit aussitôt au Palais-Royal, et il y trouva non sans surprise les princes de Condé et de Conti. La reine les voyant réunis dans son appartement, les invita à se rendre au conseil avant elle. Ils obéirent sans défiance, et entrèrent dans la galerie où il devait s'assembler, où il y avait déjà le chancelier et plusieurs ministres. C'est alors que Guitaut, capitaine des gardes de la reine, aborda le prince de Condé, et lui fit part de l'ordre qu'il avait de s'assurer de sa personne, ainsi que de celle du prince de Conti et du duc de Longueville. Ce dernier ayant demandé à monsieur le prince de quoi il s'agissait, Condé l'en informa d'un air fort tranquille. Cependant il ne resta pas long-temps sans émotion, il dit aux ministres présens : « J'avoue que cela » m'étonne, moi qui ai toujours si bien » servi le roi, et qui croyais être assuré » de l'amitié de monsieur le cardinal. » Allez, continua-t-il, s'adressant au » chancelier ; allez, je vous prie, re- » présenter à la reine qu'elle ne peut » refuser de m'entendre. » Le chancelier sortit, mais ne revint point, et le comte de Servien, ministre d'Etat, en fit de même, sous prétexte d'aller chercher le cardinal. Dans ce court intervalle, Condé, conservant toute sa présence d'esprit, s'avança vers une porte et l'ouvrit ; mais il y trouva des gardes qui empêchèrent sa sortie. Au même instant, Comminges, neveu de Guitaut, et aussi capitaine des gardes, entra dans la galerie, et dit aux trois princes qu'il était temps de marcher où sa majesté avait ordonné. « Menez-nous » au moins dans un lieu chaud, » dit le prince de Condé, qui, voyant qu'il fallait passer par un petit escalier obscur, sur lequel il y avait des gardes avec la carabine haute, recula quelques pas, et s'écria : « Guitaut, ceci a bien » l'air des états de Blois.—Non, non, » monseigneur, lui répondit Guitaut; » si cela était, je ne m'en mêlerais » pas. » Les trois princes descendirent, traversèrent le jardin jusqu'à la rue Vivienne, et montèrent dans un carrosse, où Comminges se plaça avec eux. Cette voiture les conduisit à la porte de Richelieu ; le comte de Miossens, lieutenant des gendarmes, les y attendait avec une forte escorte ; il les mena à Vincennes.

L'obscurité et les mauvais chemins allongèrent beaucoup leur voyage ; la voiture se rompit entre Paris et Vincennes, en sorte qu'ils demeurèrent quatre ou cinq heures à faire deux lieues. Le prince descendit, sous prétexte de quelque besoin, et proposa à Miossens de le sauver, en lui faisant observer que l'occasion était belle pour faire la fortune d'un cadet de Gascogne. Mais Miossens répondit que la fidélité qu'il devait au roi ne lui permettait pas d'accepter de telles offres. Comminges ayant entendu la proposition, et remarquant que le prince jetait les yeux de tous côtés pour voir s'il lui venait du secours, lui dit qu'il était son très-humble serviteur, mais que quand il était question du service du roi, il n'écoutait que son devoir, et que s'il venait du monde pour les sauver, il les poignarderait plutôt que de les laisser sortir d'entre ses mains. Ce discours, quoique fort dur, n'empêcha pas que le prince de Condé n'eût une entière confiance en Comminges pendant les premiers jours de sa prison, où il fut servi à table, ainsi que les deux autres princes, par les officiers des gardes, qu'il dispensa de faire l'essai des viandes devant eux.

Ils arrivèrent donc très-tard à Vincennes, lieu désigné pour leur prison ; ils y furent reçus par le baron de Drouet, qui avait reçu la commision de commandant du château : il les logea dans le Donjon, où les princes ne trouvèrent ni souper ni chambres meublées : ce qui prouve qu'on était loin d'espérer de pouvoir les y conduire. Condé prit deux œufs frais, et se coucha sur une botte de paille, où il dormit profondément.

Ce prince était le seul qui conservât sa gaieté dans la prison ; il chantait, jurait ou priait Dieu : il jouait tantôt du violon, tantôt au volant. Le duc de Longueville était triste et abattu. Le prince de Conti pleurait et ne quittait pas le lit; ayant demandé au gouverneur une *Imitation de Jésus-Christ :* « Moi, monsieur, dit le prince de » Condé, je vous demande une imita-» tion de M. de Beaufort. » (On sait que Beaufort s'évada de Vincennes.)

Le commencement de la captivité des princes fut rude, le cardinal les ayant confiés aux soins et à la vigilance d'un lieutenant des gardes-du-corps, nommé de Bar, homme dur et farouche, qui s'imagina que le traitement qu'il leur ferait éprouver, lui attirerait la bienveillance de la cour. Ce de Bar ne les perdait jamais de vue. C'était un Gascon : il s'acquittait si scrupuleusement de sa commission, qu'il voulait obliger l'aumônier de dire la messe en français, parce qu'il n'entendait pas le latin, et qu'il craignait qu'on n'ajoutât aux paroles de la messe, les nouvelles que l'on voudrait donner à ses prisonniers. Le cardinal Mazarin lui écrivit qu'il lui savait gré de son zèle, mais qu'il le poussait un peu trop loin.

Cet homme sembla s'appliquer à renchérir sans cesse sur toutes les rigueurs qui s'étaient pratiquées envers les prisonniers d'État. De nombreuses troupes furent cantonnées dans les villages de Vincennes et des environs ; quatre nouveaux corps-de-gardes furent établis au pied du Donjon ; on posa cinq portes garnies de fer et de verroux énormes ; enfin, une antichambre remplie de gardes-du-corps ne rassurait point encore sa vigilance ; il inondait la chambre des princes d'officiers qui épiaient leurs regards, observaient leurs paroles, leur maintien, jusqu'à leur silence, et qui, au milieu de la nuit, tiraient les rideaux de leur lit pour s'assurer de la présence de leurs victimes.

Ces mauvais traitemens aigrissaient le caractère du prince de Condé, qui heureusement trouva dans son goût pour la lecture un adoucissement à ses ennuis : il étudiait la politique, l'histoire, et lisait avec une grande application tout ce que l'Espagne et l'Italie ont produit de plus parfait dans ces deux genres.

Il cultivait aussi les fleurs. On avait fait faire, dit l'historien du château de Vincennes, dans les jardins qui environnent la tour du Donjon, un parterre à compartimens ; les allées étaient sablées avec soin. Là, le grand Condé se voyait condamné à être jardinier ;

il s'amusait à planter des fleurs, sur-
tout des œillets, à les cultiver et à
les arroser. C'était, selon la remar-
que d'un historien, le dieu Mars en-
chaîné, et devenu cultivateur par dé-
sœuvrement. Mademoiselle Scuderi,
surnommée la Sapho du siècle, fit à
ce sujet le joli madrigal que voici :

En voyant ces œillets, qu'un illustre guerrier
Arrosa d'une main qui gagna des batailles,
Souviens-toi qu'Apollon bâtissait des murailles,
Et ne t'étonne pas que Mars soit jardinier.

Condé, métamorphosé par force en
jardinier, dit un jour à Dalence, son
chirurgien : « Aurais-tu jamais cru que
» je serais occupé à arroser des fleurs,
» tandis que ma femme ferait la guer-
» re ? »

En effet, la princesse de Condé était
allée faire soulever la Guienne, et la
duchesse de Longueville la Normandie.
Les peuples irrités demandèrent hautement l'expulsion de Mazarin ; et le
vicomte de Turenne, à la tête de quatre mille chevaux, entreprit de tirer
les princes du château de Vincennes ;
mais il n'en eut pas le temps, ainsi
que nous le dirons bientôt.

Les illustres prisonniers eurent encore une consolation à laquelle ils ne s'étaient point attendus. Dès le quatrième jour de leur détention, ils eurent la facilité d'entretenir un commerce de lettres avec leurs amis , malgré l'extrême sévérité de leur impitoyable geôlier.

Montreuil , secrétaire du prince de Conti , était celui qui conduisait, avec une adresse merveilleuse , cette correspondance secrète. Tous les surveillans des prisonniers, tels que valets et officiers de la garde de la chambre , en étaient la dupe et prêtaient leur ministère sans le savoir ; les lettres allaient et venaient dans des bouteilles à double fond , et par d'autres moyens industrieux, avec une facilité incroyable. « Nous leur écrivions , dit le cardinal » de Retz, dont la politique intrigante » et incertaine changea souvent de » parti ; ils nous faisaient réponse, et » le commerce de Paris à Lyon n'a » jamais été mieux réglé. De Bar, qui » les gardait à vue , était homme de » peu de sens. De plus, les plus fins » y sont trompés. » De Bar était souvent lui - même l'instrument dont se servait Montreuil pour faire tenir les lettres aux princes. Il avait fait faire des écus creux qui fermaient à vis, qu'on mêlait avec ceux qu'on envoyait de temps en temps aux trois prisonniers pour jouer, et que l'on confiait à de Bar pour les remettre entre les mains.

Pendant ce temps-là, continue l'historien que nous avons déjà cité, les discordes civiles déchiraient l'intérieur de la France, et ses frontières étaient en proie aux ravages des ennemis du dehors. Les Espagnols, par la prise de quelques places, semblaient vouloir s'approcher de Paris, et la cour craignit qu'ils n'enlevassent les princes du donjon de Vincennes, ce qui leur eût été facile en partant de Rhétel. Le conseil se décida à les faire transférer dans une autre forteresse ; mais la difficulté fut de convenir du lieu. Peu s'en fallut qu'on ne se décidât pour la Bastille. Enfin on fit choix, pour quelque temps, de Marcoussi, château que les rivières qu'il aurait fallu passer, mettaient à l'abri des incursions des Espagnols. Il appartenait alors au comte d'Entragues. Ce fut à regret que Condé quitta le Donjon de Vincennes, où il était plus à portée d'entretenir une correspondance avec ses amis. Il avait trouvé moyen de se procurer une épée et des poignards, quand il fut transféré à Marcoussi. Une entreprise avait même déjà été formée pour l'évasion des princes, et peut-être, quelques jours plus tard, auraient-ils été délivrés. On était parvenu à gagner quatre gardes du roi, des sept qui se tenaient jour et nuit dans l'appartement des prisonniers : ils devaient se rendre maîtres des trois autres ou les poignarder.

Un autre projet plus hardi avait encore été formé. Malgré la vigilance sévère avec laquelle Condé était gardé à Vincennes, peu s'en fallut que le fameux Gourville, jadis valet-de-chambre du duc de la Rochefoucault, n'eût la gloire de briser ses fers, et de faire ce que tant de guerriers et de négociateurs avaient entrepris en vain. La nature lui avait prodigué l'audace, l'activité, l'esprit d'intrigue, de ressource et de négociations ; en un mot, c'était un de ces hommes faits pour réussir par toutes sortes de moyens.

La garde des princes avait été principalement confiée au régiment des gardes françaises ; mais il n'y avait presque pas un officier, un soldat de ce corps, qui ne gémît d'avoir à garder dans une prison le héros sous lequel ils avaient combattu et vaincu tant de fois. Leur indignation, leur pitié augmentaient lorsqu'ils considéraient que c'était aux intérêts d'un ministre étranger, abhorré de la nation, qu'un des premiers princes du sang était injustement sacrifié. Gourville, instruit de ces dispositions et de ces murmures, s'insinue habilement dans la confidence des plus audacieux; il échauffe leur ardeur, il irrite leur courage, et les éblouit à force de promesses. Mais ce qu'il y avait de plus fâcheux, c'est qu'il ne possédait pas plus d'argent que ceux qu'il entreprenait de séduire. Guidé par son zèle, il va trouver la princesse douairière, lui explique son projet, et lui en exagère la facilité. Cette mère attendrie embrasse Gourville, et au lieu de trois cent mille livres qu'il lui demandait, elle lui en promet jusqu'à cinq cent mille; elle s'engagea de plus à lever un nouveau régiment, sous le nom d'Enghien, dont elle distribuerait tous les emplois aux sergens et aux soldats qui auraient concouru avec plus de courage au succès de l'entreprise.

Les conjurés, assurés de l'aveu de la princesse et d'une grande récompense, fixèrent l'exécution du complot au dimanche suivant. Ce jour-là, de Bar ne manquait jamais d'aller entendre vépres à la Sainte-Chapelle de Vincennes, avec tous les officiers de la garnison. On devait masquer les portes de l'église, y établir une forte garde , et y retenir de Bar lui-même prisonnier , pendant que les chefs de la conspiration, qui n'étaient que des sergens, crieraient liberté aux princes, et deux cent mille livres pour ceux qui la leur procureraient.

On était persuadé que des huit compagnies qui remplissaient Vincennes, il n'y avait pas un soldat qui , attiré par l'appât du gain , ne se joignît aux libérateurs de Condé. Déjà la princesse avait envoyé quatre officiers avec d'excellens chevaux , pour monter les princes dès qu'ils seraient en liberté.

On était au vendredi ; le nombre des complices augmentait chaque jour ; le succès paraissait immanquable ; mais il échoua par la lâcheté ou la trahison.

Un des conspirateurs , effrayé des suites de l'entreprise , va se confesser au pénitencier de Notre-Dame , s'accuse d'un vol qu'il veut restituer , et glisse entre les mains du prêtre , un billet contenant ces mots écrits en gros caractères : *Dimanche , à trois heures , on doit mettre les princes en liberté.* Le pénitencier dévoué au coadjuteur , lui porte ce billet ; et le lendemain le duc de Beaufort parut auprès de Vincennes , suivi d'une nombreuse troupe de frondeurs. Il n'en fallut pas davantage pour faire comprendre aux conjurés que le secret de la conspiration était découvert : ils demeurèrent dans l'inaction. Cette affaire manquée n'eut aucune suite : on se contenta de changer les compagnies attachées à la garde du Donjon , et de transférer les princes à Marcoussi.

Ce château parut bientôt peu sûr pour renfermer des prisonniers de cette importance, et la cour pensa qu'ils seraient beaucoup mieux détenus dans la citadelle du Hâvre. Le duc d'Harcourt, qui se chargea de les y conduire, s'attira le blâme d'une infinité de personnes, trouvant que cette action était indigne de lui et de l'honorable réputation dont il jouissait. Monsieur le prince composa cette chanson dans son carrosse, pendant qu'on le transférait au Hâvre, et elle fut long-temps dans la bouche de tout le monde :

Cet homme gros et court,
Si connu dans l'histoire,
Ce grand comte d'Harcourt,
Tout couronné de gloire,
Qui secourut Casal, et qui reprit Turin,
Est maintenant, est maintenant,
Recors de Jules Mazarin.

Les princes arrivèrent au Hàvre le 25 de novembre 1650; ils étaient partis le 15, et marchaient à petites journées à cause des troupes de leur escorte. Ils se flattaient toujours qu'un gros de leurs partisans viendrait les enlever; et Condé tenta de se sauver lui-même dans une hôtellerie; mais de Bar les veillait de si près, que la chose lui fut impossible.

Le peu courtois et farouche de Bar suivit les princes à Marconssi et au Hàvre : il avait bien mérité d'être continué dans ses fonctions.

Les amis et les partisans de Condé et de ses frères formèrent aussi le projet de les tirer de la citadelle du Hàvre; mais comme il aurait fallu employer la force, et que la vie des princes aurait été exposée, on préféra de leur procurer la liberté en faisant intervenir le Parlement.

Les assemblées des magistrats à ce sujet, et les plaintes qui s'élevaient de toutes parts, inquiétèrent vivement la cour; elle sentit qu'il était temps de terminer enfin la détention des princes. Le cardinal Mazarin, en politique consommé, se chargea lui-même d'aller leur apprendre qu'ils étaient libres : il se flattait de se rétablir dans leur esprit par ce moyen, et de mettre dans ses intérêts leurs nombreux partisans. Il prit la poste à Saint-Germain-en-Laye, où il se tenait alors, et fit une telle diligence qu'il devança les députés chargés des ordres de la cour. Il arriva au Hâvre le lundi matin, 13 février 1651, après avoir couru toute la nuit, et il alla aussitôt à la citadelle remettre à de Bar l'ordre de la reine, écrit de la main de cette princesse, et conçu en ces termes :

« Monsieur de Bar, je vous fais
» celle-ci, pour vous dire que vous
» exécutiez ponctuellement tout ce que
» mon cousin le cardinal Mazarin vous
» fera savoir de mon intention touchant
» la liberté de mes cousins les princes
» de Condé, de Conti et duc de Lon-
» gueville, qui sont en votre garde,
» sans vous arrêter à quelque autre

» ordre que vous pourriez ci-après
» recevoir du roi monsieur mon fils,
» ou de moi, contraire à celui - ci.
» Priant Dieu, monsieur de Bar, qu'il
» vous ait en sa sainte garde.

» Ecrit à Paris, le 6 février 1651. »
Mazarin parut dans la chambre des princes, et leur dit qu'il apportait lui-même l'ordre de leur liberté; que la reine priait le prince de Condé en particulier, d'aimer l'état, le roi et la personne de son premier ministre : Condé, en l'embrassant, lui répondit avec gravité, qu'il était obligé à la reine de la justice qu'elle lui rendait; qu'il serait toujours son serviteur, ainsi que du roi, et ajouta, en s'adressant au cardinal, *et de vous aussi, monsieur.* Mazarin lui répliqua que les portes étaient ouvertes, et qu'il pouvait sortir; mais Condé, bien certain qu'il ne les pouvait plus fermer, ne se hâta point de les passer, et demanda qu'on leur servît à dîner avant que de partir. Ils dînèrent tous ensemble, c'est-à-dire les trois princes, le cardinal, le maréchal de Grammont, et de Lionne, ministre, qui venaient d'arriver. Ce repas se fit avec la même cordialité que s'ils eussent été tous satisfaits les uns des

autres : la politique l'exigeait ainsi. Le cardinal fit adroitement tout son possible pour se raccommoder avec les princes; la suite fit voir que ses efforts furent inutiles. Après le dîner, les princes sortirent gaiement de leur prison, et montèrent dans le carrosse du maréchal de Grammont, qui les attendait dans la grande place de la citadelle. Le cardinal les accompagna jusqu'à leur voiture, et eut la mortification de les voir triompher d'un ennemi tel que lui. Il fit un grand salut à Condé, qui à peine le remarqua; et ce prince se jetant brusquement dans le carrosse, commanda au cocher d'aller grand train. Il donna cet ordre en éclatant de rire, et d'un ton moqueur; ce qui fit soupçonner qu'il emportait au fond du cœur le desir de se venger du cardinal; et la suite ne prouva que trop la justesse de cette observation.

CAPTIVITÉ

ET ÉVASION

DU

DUC DE BEAUFORT.

Le duc de Beaufort fut long-temps détenu dans le donjon de Vincennes. Il était soupçonné d'avoir conspiré contre la vie du cardinal Mazarin, et d'avoir formé le projet de le tuer lui même, un jour que cette éminence devait aller à Maisons, près de Paris ; mais le cardinal ayant rencontré en chemin le duc d'Orléans, qui le fit monter dans son carrosse, les conjurés furent arrêtés dans l'exécution de leur dessein, par le respect que leur inspira l'oncle du roi, et ils n'osèrent rien entreprendre. Rien n'ayant prouvé d'une manière positive ce complot, on ne put faire le procès à Beaufort : on se contenta de le tenir dans un château-fort.

Ce fut le 14 juillet 1645 qu'on se saisit de la personne du duc de Beaufort. Il revenait de la chasse, lorsqu'en rentrant au Louvre il rencontra madame de Guise et madame de Vendôme sa mère, avec la duchesse de Vendôme sa belle-sœur, qui avaient accompagné la reine toute la journée. Elles étaient connaissantes du bruit qui avait couru du dessein formé par Beaufort d'assassiner le cardinal Mazarin, et elles avaient vu l'émotion que cette nouvelle avait répandue sur le visage de la reine. Elles s'efforcèrent d'empêcher ce prince de monter dans les appartemens, et lui dirent que ses amis étaient d'avis qu'il s'absentât pour quelques jours, afin de voir le parti qu'il leur restait à prendre : mais lui, sans s'étonner, passa outre en leur disant, *on n'oserait*. Il entra donc avec sécurité, dans le cabinet de la reine, qui lui fit un accueil gracieux, et le questionna sur sa chasse, comme si elle n'eût eu que cette pensée dans l'esprit. Le cardinal étant survenu, elle lui dit de la suivre, et passa dans sa chambre comme si elle y allait tenir son conseil. Le duc de Beaufort voulant alors sortir, Guitaut, capitaine des gardes de la reine, l'arrêta, et lui enjoignit de le suivre de la part du roi. Ce prince, sans s'étonner, après l'avoir regardé fixement, lui dit d'un grand sang-froid : « Oui, je le veux ; mais je » vous avoue que cela me paraît étrange. » Se tournant du côté de mesdames de Chevreuse, qui étaient présentes, il leur dit avec un dépit concentré : « Mesdames, vous le voyez, la reine me » fait arrêter. » Il ne se serait pas imaginé qu'après avoir été honoré de la plus grande confiance de la reine pendant qu'elle était malheureuse, elle eût pu se résoudre à le traiter de la sorte.

Quand Beaufort fut entré dans la chambre de Guitaut, où d'abord on le mena, il demanda à souper. Il mangea avec l'appétit d'un chasseur, et dormit d'un sommeil tranquille et profond. Aussitôt qu'il fut arrêté, le bruit de sa détention fit accourir la duchesse sa mère et madame de Nemours sa sœur, au Louvre, pour se jeter aux pieds de la reine et lui demander sa grâce ; mais

Anne d'Autriche était enfermée dans l'intérieur de son appartement ; leurs larmes ne furent point vues , et leurs cris ne furent entendus que de peu de personnes qui tâchèrent de les consoler.

L'illustre prisonnier fut mené au donjon de Vincennes. On lui donna un valet-de-chambre pour le servir, et un cuisinier du roi. Ses amis se plaignirent de ce qu'on ne lui avait pas donné quelques-uns de ses domestiques ; mais la reine répondit que ce n'était pas l'usage. Tous les Vendôme reçurent l'ordre de sortir de Paris.

Le duc de Beaufort était renfermé depuis trois ans dans le donjon de Vincennes , lorsque , le 31 mai 1648 , il trouva le moyen de s'évader. Ce prince entretenait depuis long-temps des intelligences avec un de ses gardes , appelé Vaugrimaut , lequel fit provision de cordes et d'autres choses nécessaires pour l'évasion du duc ; il facilita aussi le moyen d'entretenir une correspondance avec les amis qu'il avait à Paris. Vaugrimaut avait été reçu auprès de l'officier nommé Laramée , à la prière d'une personne de confiance , sous prétexte d'un duel qui le mettait en danger à cause de la rigueur des édits. Cet homme avait paru désirer un tel asile, afin de se soustraire aux poursuites dirigées contre lui. Ce fidèle émissaire convint avec les amis et les parens du duc de Beaufort, que le 31 mai, jour de la Pentecôte, vers le midi, à l'heure que ses gardes dîneraient, cinq hommes forts et robustes, munis de cordes, se trouveraient sur les bords du fossé, à un endroit convenu, et qu'à quelque distance de là, il y en aurait cinquante autres à cheval. On fit passer, à Vaugrimaut, une corde pour descendre dans le fossé, dont les cinq hommes devaient le retirer de l'autre côté avec une corde qu'ils tenaient toute prête.

Le jour marqué pour l'exécution de l'entreprise, le duc descendit du Donjon dans une galerie extérieure où on lui permettait de se promener. Vaugrimaut avait coutume de dîner avec les autres gardes ; il y alla, et après avoir mangé un morceau, il feignit d'être incommodé, et il sortit pour aller joindre le duc de Beaufort dans la galerie, où il se promenait avec l'officier aux gardes, nommé Laramée, qui ne le perdait pas de vue. En sortant de l'endroit où étaient les gardes, il eut soin de fermer deux ou trois portes qui communiquaient à la galerie, dont il ferma la dernière en dedans aux verroux; ensuite il se jeta, avec le duc de Beaufort, sur Laramée ; il le mirent hors d'état de crier, et lui lièrent les pieds et les mains. Comme ils ne le tuèrent pas, on soupçonna qu'il était d'intelligence avec eux. Vaugrimaut descendit le premier sans façon dans le fossé, parce qu'il allégua avec raison qu'il y allait de sa vie si l'entreprise venait à manquer, au lieu que si on reprenait le prince, il en serait quitte pour garder une prison plus resserrée. Beaufort céda donc le pas à son libérateur, qui parvint jusqu'au bas du fossé sans accident ; mais quand vint le tour du prince, la corde s'étant trouvée trop courte, il fut obligé de se laisser tomber de dix à douze pieds de haut. Sa chute le fit évanouir ; il demeura quelques instans sans connaissance, ce qui alarma beaucoup les cinq hommes qui l'attendaient de l'autre côté. Beaufort étant revenu à lui, eut encore assez de force pour se lier lui-même par le milieu du corps ; et les cinq hommes, conmmandés par Vaumorin, gentilhomme du duc, se hâtèrent de le tirer en haut comme ils avaient déjà fait de son compagnon. Ils le montèrent à cheval, et gagnèrent au galop l'endroit où les attendait le reste de l'escorte.

Quand le duc de Beaufort fut parvenu au milieu des cinquante cavaliers, la joie de se voir en liberté et parmi les siens, le transporta tellement, qu'en un instant il se trouva guéri de tous les maux qu'il venait de souffrir. Il se rendit, lui quatrième, en toute diligence dans le pays du Maine et d'Anjou, et demeura quelque temps caché dans le presbytère du curé de la Flèche, jusqu'à ce que les troubles de la Fronde lui permissent de revenir dans la capitale, et de relever les espérances du parti. La surprise de la cour fut extrême à la nouvelle de l'évasion de ce prince : on en avait cependant averti le cardinal Mazarin, quelques jours auparavant ; et l'événement avait été prédit, dit-on, par l'abbé de Marivaux et Goiset, avocat, qui se mêlaient d'astrologie : mais on traita cet avis de pure chimère. Cependant l'abbé de Marivaux était si persuadé de la certitude de sa prédiction, qu'il l'avait publiée avec toutes

XI.   2

ses circonstances ; et quelqu'un de ses amis l'ayant réncontré au Cours, le jour qu'elle eut son effet, et lui ayant dit tout haut que le duc de Beaufort était encore à Vincennes, il lui répondit qu'il n'était pas encore quatre heures, et qu'il fallait qu'elles fussent passées avant qu'on eût le droit de faire des railleries. Enfin la prophétie fit tant de bruit, et les avis réitérés qui furent donnés au cardinal firent tant d'impression sur son esprit, qu'il dépêcha un exprès au commandant Laramée, pour l'avertir de se tenir sur ses gardes, sans s'expliquer davantage : mais Laramée était loin de soupçonner Vaugrimaut, qui était son homme de confiance.

Une femme et un petit garçon qui cueillaient des herbes dans un jardin, furent témoins de cet événement ; mais ils attendirent, pour avertir au château, que le duc de Beaufort eût absolument disparu.

Chavigni seul, gouverneur de Vincennes, fut accusé de n'avoir pas pris assez de précautions pour bien garder ce prisonnier ; et la reine le blâma hautement d'avoir laissé les dehors du

Donjon sans des sentinelles, qui n'auraient pas manqué de s'apercevoir de
ce qui se passait à l'extérieur.

En 1662, Beaufort fit sa paix avec
la cour, et il alla se faire tuer au siége
de Candie.

*

CAPTIVITÉ

DU

CARDINAL DE RETZ

La captivité du cardinal de Retz offre beaucoup d'intérêt : il en a raconté les détails avec tout l'esprit qu'on lui connaît dans ses Mémoires ; mais son récit est trop étendu pour entrer dans notre cadre, et nous nous contenterons d'en donner un extrait.

Le cardinal de Retz s'était acquis une popularité qui paraissait dangereuse à la cour : pour le mettre hors d'état d'en profiter, on résolut de le confiner dans une prison d'Etat.

Anne d'Autriche et son conseil formèrent donc la résolution de se saisir de **sa** personne, quoique la chose ne fût point aisée. Le cardinal ne sortait que bien accompagné, et ne grossissait plus le nombre des courtisans ; mais il commit l'imprudence de se rendre presque seul au Louvre, le 18 décembre 1652, vers les onze heures du matin, malgré les avis secrets qu'il reçut de se tenir sur ses gardes. Il avait **cru** qu'il ne pouvait se dispenser de venir présenter ses respects au roi, de retour dans sa capitale, qu'il avait abandonnée lors des derniers troubles. Pradelle, chargé depuis quelque temps de l'arrêter, avait supplié le roi de lui donner cet ordre écrit de sa main ; il jugeait qu'il se trouverait peut-être dans la nécessité de l'attaquer à force ouverte, et de lui ôter la vie en cas de résistance. Mais la reine défendit qu'on en vînt à cette extrémité. Le cardinal de Retz rencontra le jeune monarque qui allait chez la reine sa mère. Ce prince lui fit un accueil gracieux, l'invita de le suivre, et en même temps commanda tout bas à Villequier, capitaine de ses gardes, de l'arrêter quand il sortirait de chez la reine. Villequier exécuta ponctuellement cet ordre. Dès qu'il vit paraître le coadjuteur seul , il l'attira dans l'embrasure d'une fenêtre , lui dit qu'il l'arrêtait de la part du roi , et marchant à son côté , le conduisit dans l'appartement du capitaine des gardes. Le cardinal , en y entrant , se tourna vers le petit nombre de ceux qui l'avaient suivi , et leur dit qu'ils pouvaient se retirer ; qu'il était arrêté. Cette nouvelle s'étant répandue aussitôt dans le Louvre , la reine-mère s'écria qu'elle louait Dieu de ce qu'on n'avait pas répandu une seule goutte de sang.

Le cardinal de Retz arriva à Vincennes entre huit à neuf heures du soir. On le mena au Donjon, dans une grande chambre où il n'y avait ni tapisserie , ni lit : celui qu'on y apporta , vers les onze heures du soir , était de taffetas de la Chine , peu propre pour un ameublement d'hiver. Le prélat fut obligé de se lever le lendemain sans feu , parce qu'il n'y avait point de bois pour en faire ; et les trois exempts aux gardes , que l'on avait d'abord mis auprès de sa personne , l'assurèrent qu'il n'en manquerait pas le lendemain. Mais celui qui demeura seul pour garder le prisonnier , prit tout le bois pour lui ; en sorte que le cardinal fut quinze jours , dans le temps le plus rigoureux de l'hiver, dans une chambre grande comme une église , sans pouvoir se chauffer. Cet exempt s'appelait Ducroisat ; c'était un homme désagréable. Le cardinal se plaint de ce qu'il lui vola son linge , ses habits, ses souliers ; il ajoute qu'il était quelquefois obligé de demeurer huit ou dix jours dans le lit , faute d'avoir de quoi s'habiller ; mais qu'il l'accoutuma enfin à ne plus le tourmenter, à force de lui faire connaître qu'il ne se tourmenterait de rien. Ce même exempt, pour mettre à l'épreuve la patience de son prisonnier, fit travailler à un petit jardin de deux ou trois toises qui était dans la cour du donjon ; et comme le cardinal lui demanda ce qu'il en prétendait faire , il lui répondit que son dessein était d'y planter des asperges , afin d'en régaler son éminence au bout de trois ans. Néanmoins on donna des livres au prisonnier, mais par compte, et on lui refusa d'abord encre, plume et papier ; on ne lui accorda qu'avec peine un valet-de-chambre et un médecin.

La garde ordinaire du Donjon fut aug-

mentée d'un grand nombre de gardes-
du-corps, commandés par le sieur Du-
flos, premier exempt, ainsi que par
Ducroisat, autre exempt, qui commandait dans le Donjon. La surveillance
qu'ils exerçaient était si rigide, qu'ils
se trouvaient tous enfermés au dedans
de la cour du Donjon, sans avoir la
liberté d'en sortir pour aller entendre
la messe : ils assistaient à celle que le
cardinal célébrait souvent lui-même,
ou que disait un chanoine de la Sainte-
Chapelle de Vincennes. Le prisonnier
fit des présens à cette chapelle ; il donna
un calice, des chandeliers et des bu-
rettes, le tout d'argent, qu'il avait fait
faire pour célébrer la messe pendant sa
détention.

Quoique gardé à vue, le cardinal
trouvait moyen de tromper l'éternelle
surveillance de ses argus : « Mes amis,
» dit-il dans ses Mémoires, m'écri-
» vaient régulièrement deux fois la se-
» maine. . . . Nonobstant le change-
» ment de trois exempts et de vingt-
» quatre gardes-du-corps, qui se succé-
» dèrent pendant le cours de quinze
» mois les uns aux autres, mon com-
» merce ne fut jamais interrompu. »

L'archevêque de Paris, oncle du co-adjuteur, était bien éloigné de seconder les amis du cardinal pour forcer la cour à le mettre en liberté; outre la faiblesse de son caractère, sa jalousie contre son neveu s'opposait à ce qu'il lui rendît aucune espèce de service; mais le co-adjuteur trouva plus d'attachement et de zèle dans la présidente de Pommereuil. Dès les premiers jours, elle était parvenue à trouver des expédiens pour qu'il écrivît et reçût assez souvent des lettres du dehors. Cette dame était depuis long-temps l'amie du coadjuteur, qui avait pour elle un goût beaucoup plus vif que celui qu'il avait eu jusque-là pour tant d'autres femmes, qu'il avait su captiver. La présidente de Pommereuil méritait cette distinction flatteuse; elle obligea toujours le coadjuteur sans aucune vue d'intérêt particulier, et sans avoir voulu prendre la moindre part dans les affaires politiques; elle en usa même si généreusement à l'époque de son arrestation, qu'elle mit en gage ses diamans pour rendre service au cardinal, tandis que les parens de ce prélat refusaient de faire la moindre dépense, pas même une seule démarche pour adoucir sa captivité.

La duchesse de Lesdiguières , sa parente , fit aussi une chose en sa faveur, qui pouvait lui être utile, mais qui faillit le perdre , en même temps qu'elle prouve l'extrême corruption de ce siècle. Cette duchesse imagina qu'il pourrait avoir besoin de contre-poison ; elle en donna deux petites boîtes au marquis de Villequier, qui l'avait arrêté , pour les lui faire tenir ; mais Villequier les ayant aussitôt apportées à la reine, cette princesse en informa le conseil , où le ministre Servien fut d'avis d'en ôter le contre-poison , d'y mettre du poison véritable, et de les faire ensuite passer au prisonnier. Cet horrible conseil aurait été suivi , si Letellier n'avait fait décider qu'on jetterait les boîtes au feu, et qu'on n'en parlerait plus.

Le cardinal de Retz aurait pu s'évader de Vincennes ; le président de Pommereuil et Caumartin lui en avaient ménagé la facilité, moyennant une somme de cinquante mille livres , qui devait être déposée entre les mains d'une personne sûre. Le succès de cette tentative paraissait infaillible ; mais le cardinal rompit tout, en écrivant qu'il ne fallait point se fier à Ducroisat, dont il se plaignait beaucoup , et qu'il soupçonnait d'intelligence avec la cour pour le faire périr dans l'exécution du projet. Cette crainte n'était fondée que sur la timidité du cardinal; et la suite fit connaître clairement que Ducroisat agissait de bonne foi. Cette intrigue se ménageait avec une femme que Ducroisat entretenait depuis long-temps, et qui offrait de se mettre en otage en tel lieu qu'on voudrait, en attendant l'évasion du cardinal.

Pendant sa détention à Vincennes, dit l'historien de ce château, la cour faisait vivement solliciter ce prélat de se démettre de l'archevêché de Paris, qui lui était dévolu depuis la mort de son oncle, Jean-François de Gondi, premier archevêque de cette capitale, décédé le 21 mars 1654. A cette condition, il eût non-seulement joui de sa liberté, mais il eût reçu une grosse somme d'argent. Cependant il refusa long-temps.

Le fameux Croissi-Fouquet, qui n'avait rien de commun avec le surintendant des finances, se trouvait prisonnier au donjon de Vincennes en même temps que le cardinal de Retz, et il était logé au-dessus de la chambre de ce prélat. Ces deux prisonniers eurent ensemble un commerce de lettre par un trou pratiqué dans la cheminée, et au moyen d'une ficelle que Croissi descendait de la fenêtre de sa chambre, la nuit, pendant que les gardes étaient endormis, ils attachaient des billets à cette ficelle, et cette correspondance suspendit souvent l'ennui de leur prison.

Le cardinal de Retz se démit enfin de son archevêché, et ne fut pas moins retenu prisonnier, parce qu'il fallut attendre la ratification de la cour de Rome. Tout l'adoucissement qu'il obtint, fut d'être transféré au château de Nantes, dont son parent, le maréchal de la Meilleraie, était commandant. Ce maréchal vint le prendre à Vincennes, et le conduisit à Nantes avec une escorte de trois cents chevaux, composée des gardes de la reine, des gendarmes, des chevau-légers, et des gardes du cardinal Mazarin; il y avait encore un détachement de cent cinquante mousquetaires, tirés de deux compagnies du régiment des gardes, que Pradelle commandait à Vincennes. Ce fut le 30 mars 1654 que le cardinal de Retz sortit du donjon de Vincennes, après quinze mois de détention. Mais une escorte si nombreuse ne convenait guère à un homme qu'on devait mettre en liberté; aussi n'était ce qu'un changement de prison ; et quand le cardinal de Retz apprit, la veille de son départ, qu'il allait être escorté par un si nombreux détachement, il s'écria qu'on l'avait trompé.

Il ne jouit en effet dans le château de Nantes, que d'une ombre de liberté. Quoique le maréchal de la Meilleraie le traitât avec toute la douceur et l'honnêteté possibles, il le faisait néanmoins garder aussi soigneusement qu'il l'avait été dans le donjon de Vincennes. Le cardinal de Retz était logé au second étage, dans une chambre où quatre soldats passaient toutes les nuits à sa porte en dedans, tandis qu'une sentinelle veillait continuellement dans la cour sous ses fenêtres. Pendant le jour il avait la liberté de se promener dans le château, et dans une allée en terrasse dont la vue donnait sur la rivière et sur le faubourg. Mais il n'y allait jamais qu'accompagné de deux gardes qui avaient ordre de ne point le quitter. Deux sentinelles, éloignées l'une de l'autre d'environ soixante pas, se tenaient toujours à chaque bout de cette allée. A cela près, le maréchal faisait au cardinal de Retz le meilleur traitement ; sa table était toujours bien ser-

vie, et la chère était exquise ; le maréchal avait soin également de faire venir
au château la meilleure compagnie,
tant en hommes qu'en femmes, non-
seulement de la ville, mais de la province. Il amusait souvent son prisonnier par la comédie, que représentaient
des acteurs passables. Il donnait à jouer
tous les jours, et jouait lui-même gros jeu.
Il permettait aussi au cardinal de voir
tous ses amis, ses parens et ses domestiques, jusqu'à ce qu'il se retirât dans
sa chambre à coucher, ce qui avait lieu
vers les onze heures du soir.

Mais les meilleurs traitemens ne sau-
raient dédommager de la perte de la
liberté. Le coadjuteur craignant d'être
transféré dans une autre forteresse, au
lieu d'obtenir son élargissement que lui
avait promis la cour, médita son évasion du château de Nantes, d'après le
conseil de ses plus intimes amis. Plusieurs expédiens lui furent proposés,
entr'autres ceux-ci. Lorsque le duc de
Brissac, son proche parent, venait le
voir, il logeait sous la garde-robe du
cardinal ; on imagina donc de prati-
quer au plancher qui les séparait, une
ouverture par laquelle le cardinal pourrait descendre dans l'appartement du

duc ; là on devait le mettre dans un coffre préparé à cet effet, et qu'on chargerait sur un mulet comme s'il appartenait aux bagages. D'un autre côté, la duchesse de Retz, sa belle-sœur, lui offrit de le sauver dans son carrosse, sous les habits d'une de ses demoiselles qui, suivant la mode d'alors, sortaient toujours masquées, ainsi que la duchesse, sans qu'on les examinât jamais à la porte du château. Mais on quitta cet expédient qui aurait pu compromettre le duc de Retz, pour en adopter un autre qui parut immanquable, et qui ne dépendait d'ailleurs que du cardinal et de ses plus affidés domestiques. Il s'agissait de le descendre, en plein jour, avec une corde, sur une escarpolette, du haut de la terrasse formée au-dessus d'un bastion. Quelques-uns de ses amis devaient l'attendre au bas avec des chevaux tout prêts, et le mener à toute bride à travers le faubourg, à quatre ou cinq lieues au-dessous de Nantes, à un rendez-vous sur la Loire, où ils trouveraient des bateaux pour passer le fleuve, et de l'autre côté des chevaux frais pour gagner différens relais disposés d'espace en espace chez des gentilshommes, afin de se rendre à Paris en toute diligence. L'abbé Rousseau, frère de l'intendant du cardinal, homme robuste et intelligent, se chargea de diriger la partie la plus difficile de l'évasion. Il fit provision de cordes et se munit d'un fort morceau de bois, nommé palonnier, où venaient aboutir les traits des chevaux de carrosse destinés à être attachés à l'extrémité de la corde ; c'était sur le palonnier que le cardinal devait être assis ; une sangle avec un bon ardillon devait l'assujettir à la corde par le milieu du corps, crainte d'accident.

Tout étant disposé, on fixa le jour de l'exécution au 8 août 1654, à cinq heures du soir ; c'était l'instant où le cardinal avait coutume de se promener sur la terrasse. L'abbé Rousseau, qui s'était chargé de le descendre, se rendit au château avec la corde, la sangle et la pièce de bois, enveloppée dans son manteau, de manière à ne point être remarqué ; et afin qu'il ne manquât ni de conseil ni de secours, on lui donna pour adjoint le médecin Vacherot, de la faculté de Paris, attaché.depuis longtemps à la personne du cardinal de Retz, homme résolu, de sang-froid, et capable de tempérer, par sa prudence, la vivacité de l'abbé Rousseau.

Il fut aussi arrêté que Fromentin et Imbert, l'un chirurgien et l'autre valet-de-chambre du cardinal, qui avaient coutume de le suivre à la promenade, contribueraient à faciliter l'évasion de leur maître ; ils se munirent en conséquence de quelques bouteilles de vin pour faire boire les deux sentinelles postées de manière à pouvoir découvrir ce qui se passait à l'endroit par où le cardinal devait se sauver.

Toutes ces mesures ayant été mûrement adoptées, le cardinal de Retz se rendit sur la terrasse à l'heure convenue, suivi du médecin Vacherot et de l'abbé Rousseau ; ce dernier portait, sous sa soutane, toutes les choses nécessaires : Imbert et Fromentin suivirent aussi le cardinal. Arrivés au lieu choisi pour l'évasion, le coadjuteur feignit d'avoir soif, et dit à Imbert de lui aller chercher à boire ; ce que celui-ci fit en diligence. Après que le cardinal eut bu, les deux fidèles domestiques dirent aux gardes qu'il fallait vider la bouteille à la santé de son éminence ; et ils les attirèrent derrière une tour, où ils se mirent à boire. Cependant le cardinal ayant quitté sa simarre rouge, la posa sur un bâton entre deux créneaux, de manière à faire croire aux sentinelles, quand elles seraient retournées à leurs factions, qu'il regardait à son ordinaire ceux qui se promenaient en dehors. S'étant ensuite placé sur l'escarpolette, et fait lier à la corde avec la sangle, qui le prenait en écharpe depuis l'épaule droite jusqu'à son épaule gauche, assujettissant la corde le long de l'estomac, il monta de la corde sur un créneau, d'où l'abbé Rousseau et Vacherot le descendirent heureusement jusqu'au bas du mur, qui avait quarante pieds d'élévation. Ceux qui l'attendaient en cet endroit se hâtèrent de le débarrasser de ses liens et de le monter à cheval. Mais le cardinal était tellement troublé, qu'il ne tenait pas même la bride de son cheval qui était très-vigoureux ; l'animal se cabra et l'abattit sur le pavé ; il eut une épaule démise. Cet accident obligea ceux qui l'accompagnaient de mettre pied à terre pour le remonter. Comme beaucoup de monde s'assemblait, deux hommes de l'escorte mirent le pistolet à la main ; mais cette précaution était fort inutile, car les habitans étaient plutôt disposés à faciliter l'évasion qu'à s'y opposer ; ils lui crièrent : « Dieu vous bénisse, monsei-

» gneur! sauvez-vous. » Ainsi le cardinal fut remis à cheval assez promptement, mais sans revenir de son trouble; près de s'évanouir à chaque instant, il ne parvenait à conserver ses esprits, qu'en se tirant de temps en temps les cheveux de toute sa force. Il ne fut pas même possible de lui faire prononcer une seule parole pendant les quatre premières lieues, quoique tous ceux de sa suite s'efforçassent de le mettre de bonne humeur. Il ne commença d'ouvrir la bouche que quand il se vit dans le bateau, où le duc de Brissac et le chevalier de Sévigni l'attendaient, après avoir donné des ordres pour arrêter tous les bateaux, et tous ceux qui voudraient les poursuivre. On continua de courir pendant deux lieues sur des chevaux frais, sans que le cardinal se fût plaint de la moindre souffrance ; mais on fut étonné de l'entendre tout à coup pousser des cris aigus, en disant qu'il éprouvait de si cruelles douleurs, qu'il lui était impossible d'aller plus loin ; qu'il aimait mieux se laisser reprendre, que de courir davantage. Il fallut le descendre de cheval à neuf heures du soir, et le coucher dans une pièce de terre, à côté du grand chemin, où le

duc de Brissac le quitta pour aller assembler une escorte considérable. Le chevalier de Sévigni alla chez un gentilhomme de ses parens, qui demeurait
tout proche, pour ménager au cardinal
une retraite pendant la nuit ; mais on
lui refusa l'hospitalité qu'il demandait;
il ne put obtenir qu'une chaise à bras,
avec une douzaine de paysans pour porter le cardinal pendant la nuit jusqu'à
Beaupréau, maison du duc de Brissac.
Ce seigneur était occupé, dans la maison d'un gentilhomme de ses voisins, à
donner les ordres nécessaires pour assembler ses amis. La duchesse son épouse,
afin de mettre la personne du cardinal en
sûreté, l'engagea de monter à l'instant
en carrosse pour aller à deux lieues de
là se réfugier chez M. de Lapoise, dont
la maison était entourée de bons fossés
pleins d'eau. Le prélat y arriva sur les
huit heures du matin. Il avait passé
quelques heures au lit, lorsque le concierge vint l'avertir qu'il paraissait aux
environs des cavaliers et des gardes du
maréchal de la Meilleraie. Le cardinal
effrayé, le pressa de lui indiquer un
lieu où il pût se dérober à leurs recher-
ches, lui et son secrétaire Guy Joly
qui ne le quittait point. Le concierge

les ayant conduits dans son logement, les fit descendre au bas d'une tour par une trape qui ne paraissait point, étant couverte d'un grand coffre. Ils s'y établirent avec une petite provision de pain et de vin. Le lieu était très-incommode, et on y enfonçait jusqu'à mi-jambe dans l'eau et dans la terre détrempée. Pour remédier à cet inconvénient, on descendit quelques chaises de paille, sur lesquelles le cardinal et son compagnon furent obligés de passer près de neuf heures consécutives fort désagréablement, en attendant le retour du maître de la maison, qui ne revint qu'après dix heures du soir, pour exhorter le cardinal à prendre encore un peu de patience, jusqu'à ce que le duc de Brissac eût assemblé une escorte suffisante.

Le prélat, qui s'ennuyait dans cette espèce de cachot, ne voulut pas y demeurer davantage, et se fit donner des chevaux pour retourner à Beaupreau, vers les onze heures du soir. Mais à peine avait-il fait une lieue, qu'il se mit à pousser de si grands cris, qu'il fallut le coucher à terre, et chercher dans le voisinage quelque voiture pour achever la route qui lui restait à faire. N'ayant pu en trouver aucune qui fût convenable, on vint proposer au cardinal de se traîner comme il pourrait dans une ferme voisine, où il lui serait facile de demeurer caché jusqu'au soir, dans un tas de foin qui était dans la cour. Il n'y avait pas d'autre parti à prendre, et l'éminence se soumit. On se rendit donc à la ferme; on y pratiqua une petite loge dans le tas de foin, où le cardinal s'enferma avec celui qui l'accompagnait. On leur donna du pain, du vin et de la viande salée : ils demeurèrent dans cet étrange réduit depuis huit heures du matin jusqu'à cinq heures du soir. Dès que le fermier voyait passer des cavaliers, il accourait, et ses avis inspiraient les plus vives alarmes. Il en entra même quelques-uns dans la cour, qui firent plusieurs questions propres à causer de l'inquiétude, et qui n'étaient peut-être qu'un jeu pour obliger le cardinal à ne point sortir de son asile. Enfin, à l'entrée de la nuit, le maître de la ferme revint avec plusieurs chevaux tirer le cardinal de Retz de sa singulière prison. S'étant mis en croupe derrière un gentilhomme, sur l'épaule duquel il appuyait son bras blessé, il arriva heureusement à Beaupreau, où il trouva le duc de Brissac avec plus de trois cents gentilshommes. Le cardinal monta dans un bon carrosse garni de deux matelas : il s'y coucha fort à son aise, après avoir pris un restaurant. Le duc de Brissac se mit à la tête de toute l'escorte ; les pages et les domestiques avaient des flambeaux allumés pour éclairer la marche, et le duc eut la précaution de faire porter du vin, pour en servir à ceux qui en auraient besoin. On arriva à la pointe du jour à un bourg nommé Montaigu, où l'on trouva le duc de Retz, frère du cardinal, avec sept à huit cents chevaux ; de sorte que les deux troupes étant jointes ensemble, il y avait plus de douze cents hommes à cheval, tant maîtres que valets, la plupart des gentilshommes de la province s'étant offerts avec empressement. On trouva aussi à Montaigu, et sur toute la route, les paysans sous les armes. Ils arrivèrent à Machecoul, le 11 août, sur les cinq heures du soir : toute cette noblesse y fut traitée magnifiquement pendant le séjour qu'y fit le cardinal de Retz.

La première chose que l'on fit en arrivant dans cette ville, fut de panser son bras malade ; et l'on connut alors qu'il ne se plaignait pas sans sujet : le bras, depuis l'épaule jusqu'au coude, était noir comme de l'encre. Un vieux chirurgien du duc de Retz, fort considéré dans la maison, ne s'aperçut point que l'épaule était démise : ce qui fut cause que le traitement n'ayant point été fait d'une manière convenable, le cardinal ressentit de très-vives douleurs, et demeura estropié pour toute sa vie.

La seconde chose à laquelle on s'appliqua, fut la révocation de la démission de l'archevêché de Paris. L'acte en fut dressé en bonne forme par les notaires de Machecoul, et envoyé à Paris, au chapitre de Notre-Dame, en toute diligence.

Il fut ensuite question de chercher au cardinal un autre asile que la ville de Machecoul, parce qu'on eut avis que le maréchal de la Meilleraie faisait venir des troupes par ordre de la cour, et que le duc de Retz ne pouvait garder, ni entretenir long-temps chez lui le nombre prodigieux de noblesse qui s'y était rassemblée. Belle-île, appartenant alors au duc de Retz, fut choisi comme le lieu le plus sûr. Brissac, le chevalier de Sévigni, deux des principaux domestiques du cardinal, et trente ou

quarante gentilshommes, s'embarquèrent en grand secret, avec le prélat,
sur quatre petits bâtimens ; de peur
que le maréchal en étant informé,
n'envoyât contre eux des vaisseaux d'une
force supérieure.

Le premier jour de l'embarquement
se passa sans trouble, et la petite flotte
arriva sans accident au port de Croisic,
à la réserve d'une des chaloupes, qui
demeura derrière faute de vent. Mais
ayant été obligée de mouiller la nuit,
elle eut une alerte occasionée par plusieurs bâtimens légers, qui la vinrent
reconnaître ; toute la côte étant alors
gardée, à cause de la guerre contre
l'Espagne, et de quelques vaisseaux de
cette puissance qui étaient à la vue des
côtes. L'alarme fut beaucoup plus vive
le lendemain matin, lorsque des bar-
ques des vaisseaux ennemis s'avancèrent
sur la petite flotte du cardinal, et la
forcèrent de regagner la côte. Le cardinal se réfugia dans les ruines d'une
vieille église, se cachant au milieu
d'un monceau d'ardoises, de peur
d'être découvert par les gens du pays.
Il y resta dans une position très-gênante,
depuis midi jusqu'à huit heures du
soir. Enfin le passage étant devenu

libre, ils arrivèrent heureusement à Belle-île, le 27 août. Après y avoir séjourné quelque temps, le cardinal et ses amis craignirent d'y être assiégés. Ils en partirent sur une petite barque, déguisés en soldats, ainsi que le cardinal lui-même, qui n'emportait ni or ni argent; mais la barque était chargée de sardines, que l'on vendit au profit du cardinal fugitif. Ils firent un trajet au moins de quatre-vingts lieues, pour aller débarquer à Saint-Sébastien, sur les côtes d'Espagne, et ils furent poursuivis pendant long-temps par un vaisseau armé, que les gens de l'équipage reconnurent pour un corsaire de Salé en Barbarie.

Ils ne furent pas plus tôt échappés à ce péril, qu'ils tombèrent dans un autre. Arrivés à Saint-Sébastien, on leur demanda leur *charte-partie*, ou passe-port, pièce si nécessaire alors aux marins, que tous ceux qui naviguaient sans l'avoir étaient dans le cas d'être pendus, sans autre forme de procès. Le patron de la barque s'était imaginé que le cardinal de Retz n'en aurait pas besoin. Mais les gardes du port les voyant couverts de méchans habits, leur dirent qu'ils avaient bien la mine d'être pendus le lendemain matin. Heureusement que le baron de Vatteville, commandant pour le roi d'Espagne dans le Guipuscoa, et à qui le cardinal avait écrit, vint le chercher lui-même dans son hôtellerie.

Le roi d'Espagne et don Louis de Haro, son premier ministre, lui firent offrir tout ce qu'il pourrait désirer; mais il n'accepta qu'une galère pour le passer en Italie. Il se rendit à Rome, après avoir manqué de périr sur mer. Le pape Innocent X étant mort le 7 janvier 1655, le cardinal de Retz assista au conclave, où il resta renfermé près de trois mois, jusqu'à la nomination d'Alexandre VII.

Las de voyager déguisé en laïque, et de parcourir en aventurier l'Allemagne, la Hollande, etc., le cardinal de Retz traita avec la cour, en se démettant tout-à-fait de son archevêché de Paris. Ce n'est que de ce moment qu'il commença à jouir d'une vie paisible.

AVANT-PROPOS

L'AUTEUR du *Joueur* et du *Distrait* a passé quelques années dans un dur esclavage chez les Algériens : il en a consigné lui même les circonstances les plus intéressantes dans un petit roman, intitulé *la Provençale.* Cet ouvrage n'a jamais eté rangé parmi les mémoires biographiques, parce que son auteur l'a orné de quelques circonstances romanesques, y a altéré les noms et a amené un dénoûment contraire à la vérité. Mais d'après des renseignemens authentiques, nous avons fait au récit de Regnard les changemens nécessaires pour exclure ce qui n'était pas l'exacte vérite ; et nous offrons au Public le récit véridique de la captivité de Regnard en Afrique.

Nous aurions pu réduire cette histoire à quelques pages, en ôtant tout ce qui n'a pas un rapport direct à la captivité ; mais, outre que toutes les parties de l'ouvrage sont liées avec un art remarquable, elles offrent encore des détails assez intéressans pour que nos lecteurs ne nous reprochent pas de les avoir laissés.

CAPTIVITÉ

DE REGNARD

EN AFRIQUE.

REGNARD, revenant d'Italie, s'embarqua un soir assez tard sur un bâtiment anglais qui passait de Gênes à Marseille. Le vaisseau commençait à faire route, et Regnard, triste et rêveur, la tête appuyée de son bras, regardait fixement la mer, qui ne lui avait jamais paru si agréable ; elle n'était point dans ce calme ennuyeux qui ne la distingue pas même des étangs les plus tranquilles, elle n'était pas aussi dans cette fureur qui la fait redouter ; mais on la voyait dans l'état que tout le monde souhaite, lorsqu'un vent modéré l'agite, et comme elle était quand elle forma la mère des Amours.

Il s'abandonnait aux rêveries qu'inspirent ces vagues légères, qui, venant à se briser contre le vaisseau, y laissent pour marque de leur fierté cette écume dont on le voit environné : il songeait à l'aimable Elvire (1) qu'il aimait infiniment, et qu'il quittait peut-être pour jamais. Ne pouvais-je, disait-il, en se plaignant, trouver dans ma patrie, si pleine de belles personnes, un objet qui pût m'arrêter ? fallait-il passer les mers pour aimer, et me faire si loin un engagement auquel il faut renoncer sitôt ? Mais, reprenait-il, après quelques momens de silence, je n'y renoncerai jamais ; je vous aimerai toujours, belle Elvire ; et, quand vous m'auriez oublié, je me souviendrai toute ma vie que vous êtes la plus adorable personne du monde.

Il fut interrompu dans ces rêveries par une voix qui lui vint frapper les

____

(1) C'est un nom supposé, sous lequel Regnard a caché le véritable nom de sa maîtresse ; il en est de même des autres noms.

oreilles : la personne dont il parlait étai^t
à la fenêtre de la chambre du capitaine,
et chantait tendrement un air provençal.
Regnard fut attentif à ce chant ; et quoique le bruit du vaisseau l'empêchât de
distinguer une voix qui lui paraissait si
douce : voilà, dit-il, néanmoins en lui-
même, l'accent de ma chère Elvire ;
mais, hélas ! ce n'est pas elle : elle est
bien loin d'ici, et je ne la reverrai peut-
être de ma vie. Regnard, qui n'était
point encore entré dans la chambre du
capitaine, eut envie de connaître la
personne qui avait tant de rapport à
Elvire dans la voix. Il aperçut, en y
entrant, une jeune dame d'une beauté
extraordinaire : son esprit éclatait dans
ses yeux, et ses yeux vifs et pleins
d'amour portaient dans le fond des
âmes tous les feux dont ils brillaient ;
les grâces et les ris volaient autour de
sa bouche, et toute sa personne n'était
que charmes.

Je ne puis exprimer la surprise de
Regnard quand il se trouva si inopinément dans le même lieu où était la personne qu'il adorait. Quel étonnement
de se voir si près d'Elvire, quand il s'en
croyait si éloigné ! à peine en crut-il à
ses yeux ; mais ils avaient trop de char-

mes dans cette jeune personne pour s'y tromper. Regnard n'avait des yeux que pour elle, et il ne connaissait dans le monde d'autres appas que les siens ; mais en la reconnaissant, que de désordre ! que de trouble ! que d'agitation ! quelle violence ne se fit-il point pour cacher en leur naissance tous les mouvemens que cette rencontre imprévue lui causa, et que la présence d'un mari l'obligeait à étouffer! Quelle joie pour Elvire de retrouver Regnard dans le temps qu'elle espérait moins de le revoir ! et quelle contrainte d'en cacher les transports à son mari! Quel trouble pour ce mari, qui reconnut Regnard que la jalousie lui avait trop bien fait remarquer, et qui se souvint alors de tout ce qui s'était passé à Bologne, quand la passion de ce dernier pour Elvire commença !

Ce fut en effet ce lieu qui la vit naître, et ce fut là que Regnard commença à goûter les charmes d'un amour naissant. On y fit pendant le carnaval des courses de chevaux et des tournois qui sont renommés par toute l'Italie, où la noblesse des environs ne manque point de se trouver. Rien n'est plus galant que ces fêtes ; tous les cavaïers s'efforcent de

s'y faire distinguer par leur magnificence
et leur adresse ; et la présence des dames
n'y excite pas une médiocre émulation.
Le tournois ne fut jamais plus superbe
que le jour que Regnard le vit ; et les
hommes y empruntèrent la figure des
dieux pour le rendre encore plus célèbre : Neptune y parut suivi de ses Tritons;
on y remarqua le dieu de la guerre , au
milieu d'une troupe de combattans, qui
s'était défait ce jour-là de sa fierté ordinaire pour plaire davantage aux dames.
Pluton même s'y voyait avec un équipage tout infernal , mais qui n'avait rien
d'effrayant.

Regnard s'arrêta davantage à considérer une jeune personne, qu'il reconnut
Provençale à sa parole, et qui se trouva
sur le même amphithéâtre où il était ,
qu'à regarder ce qui se passait dans la
carrière. C'était la charmante Elvire : la
voir et l'aimer fut pour lui une même
chose ; et la fortune, qui le favorisa dans
ce moment, lui fournit l'occasion favorable de se faire connaître alors de cette
jeune Provençale. Il y avait sur le même
amphithéâtre quelques personnes qui ,
en s'avançant pour voir avec trop de
curiosité, empêchaient qu'Elvire ne vît
commodément les cavaliers du tournois.

Regnard s'approcha de ces gens-là , et leur ayant fait remarquer qu'ils incommodaient une dame qui était derrière eux, il les pria honnêtement de s'écarter et de laisser la place libre.

Regnard , comme vous savez , mesdames, est un cavalier qui plaît d'abord: c'est assez de le voir une fois pour le remarquer , et sa bonne mine est si avantageuse , qu'il ne faut pas chercher avec soin des endroits dans sa personne pour le trouver aimable ; il faut seulement se défendre de le trop aimer. Elvire le vit: elle le trouva bien fait , elle conçut de l'estime pour lui , et le remercia en des termes les plus obligeans du monde. Elle disait les choses avec un accent si tendre et un air si aisé , qu'il semblait toujours qu'elle demandât le cœur , quelque indifférente chose qu'elle pût dire ; cela acheva de perdre le cavalier. Quand la beauté de cette Provençale ne l'aurait pas charmé, ses paroles l'auraient rendu amoureux , et le je ne sais quoi plus touchant mille fois encore que la beauté le surprit ; de sorte que sa passion naissante fut , en ce moment-là , au point où les plus fortes peuvent à peine arriver avec beaucoup de temps. Elvire ne fut guère moins troublée de cette nouvelle vue : elle était inquiète d'avoir vu Regnard, parce qu'il ne lui avait pas déplu; et elle le trouva aimable avant qu'elle sût qu'il l'aimait.

Regnard ne fut pas long-temps à ressentir les effets de l'amour; il s'abandonna d'abord à cette rêverie si naturelle aux amans, qu'il trouvait agréable, en songeant qu'elle ne déplairait peut-être pas à sa nouvelle maîtresse, si elle la voyait, et si elle en savait la cause. Il apprit qu'elle était arrivée depuis peu à Bologne avec son mari, et qu'elle allait fort souvent chez la marquise Angelini, chez qui l'on faisait tous les jours des parties de jeu et de plaisir. Regnard connaissait la marquise : tous les étrangers étaient fort bien venus chez elle; elle était de ces femmes qui font, pour ainsi dire, les honneurs de la ville. Il ne manqua pas de se trouver le lendemain chez elle. Elvire y vint aussi; mais elle y vint d'une beauté si achevée, que, quand Regnard n'aurait pas commencé à l'aimer dès le jour précédent, il n'aurait retardé sa passion que de quelques heures : il se mit auprès d'elle pour jouer, et il lui dit cent choses agréables, sur lesquelles elle eut occasion de faire paraître son esprit.

Il ne fut pas difficile à Elvire de s'apercevoir de la passion de Regnard : elle s'en aperçut même avec plaisir : ses yeux qu'elle rencontrait toujours, ses absences pour le jeu, ses paroles qui ne s'adressaient qu'à elle, lui disaient assez ce qu'elle eût été fâchée de ne pas apprendre.

On quitta le jeu, et on remit la partie au lendemain. Regnard s'y rendit de bonne heure ; mais comme il y vint dans une heure où il n'y avait que fort peu de personnes, il s'entretint quelque temps dans l'antichambre avec un cavalier qu'il ne connaissait point, et qu'il croyait Italien. Il était dans cette conversation, quand la belle Provençale entra : elle arrêta les yeux de tous ceux qui étaient présens par son air et par sa bonne grâce ; elle était d'un air qui faisait qu'on ne regardait qu'elle dans les lieux où elle se trouvait. Regnard la salua, et la personne avec qui il était s'approchant de cette aimable dame lui dit en souriant quelques paroles à l'oreille auxquelles elle ne répondit que par un souris, et passa sans s'arrêter dans la chambre où étaient les dames.

Tout était faveur de la part d'Elvire. Regnard souffrit impatiemment qu'un

autre que lui en reçût, et s'approchant
de ce prétendu rival : Que vous êtes
heureux, monsieur, lui dit-il, de connaître particulièrement la personne qui
vient de passer ! qu'elle a de charmes !
Vous l'aimez, Monsieur, poursuivit-il,
car il suffit de la voir pour en être charmé, et elle vous a reçu d'une manière
à faire croire que vous ne lui êtes pas
indifférent. Vous ne vous trompez pas,
répondit l'inconnu ; je l'aime, et je suis
même assez heureux pour pouvoir me
flatter d'en être aimé. Quel poison pour
Regnard que les paroles de cet inconnu !
elles le jetèrent tout d'un coup dans un
désordre qu'il n'est pas aisé de se figurer : il se sentit jaloux presque aussitôt
qu'amant, mais d'une jalousie si forte,
qu'on ne pouvait bien la comparer qu'à
son amour. Il entra dans la chambre où
on se disposait à jouer ; mais il y entra
avec un air si préoccupé, qu'on ne vit
plus sur son visage et dans ses actions
cet enjouement et cette liberté qui lui
étaient si naturels. Il joua pourtant auprès d'Elvire, mais avec si peu d'atten-
tion, qu'on s'aperçut aisément qu'il
songeait à tout autre chose. Ses yeux
étaient presque toujours attachés sur la
belle Provençale, et la peur qu'il avait

qu'on ne s'en aperçût lui vendait si cher le plaisir qu'il en recevait, qu'il ne le goûtait qu'en tremblant. Elvire craignait aussi de rencontrer les regards de Regnard, parce qu'ils ne lui plaisaient que trop, et que son mari, qui l'observait continuellement, étudiait ses actions, même les plus indifférentes.

Après que Regnard eut été long-temps tourmenté des différens mouvemens que causent la vue d'une maîtresse et la présence d'un rival, il connut enfin, par le discours de toute la compagnie, et par les paroles et les manières d'Elvire même, que cet inconnu était son mari. Lorsqu'il en fut persuadé, ce fut un nouvel embarras qui acheva de le troubler. Il est vrai qu'il ne sentit plus dans ce moment une si cruelle jalousie; mais aussi la honte d'avoir fait l'aveu de son amour à la personne à qui il devait le plus le cacher, quoiqu'il ne lui en eût pas beaucoup dit, le jeta dans une telle confusion, que, ne pouvant plus soutenir les regards d'Elvire et de son mari, il sortit dans le temps qu'elle se disposait à s'en aller, pour leur faire connaître que, puisque c'était elle seule qui l'attirait dans ce lieu, il n'y avait plus que faire quand elle n'y était pas.

Regnard revint le lendemain chez la marquise ; mais il ne trouva pas ce qu'il y cherchait. Elvire n'y vint point ; son mari, qui ne pouvait souffrir que d'autres que lui trouvassent sa femme belle, ne lui voulut pas permettre de s'y rencontrer. Cet homme était extrêmement défiant ; les moindres apparences de galanterie lui donnaient d'étranges soupçons. Regnard lui en avait trop appris ; et quand il ne lui aurait rien dit, la défiance de lui-même et la connaissance du mérite de sa femme le portaient assez à ne l'exposer dans le monde que lorsqu'il ne pouvait absolument l'éviter.

Regnard connut bientôt la cause de ce désordre ; il en fut dans une douleur inconcevable, et il quitta la compagnie pour aller rêver en secret à l'aimable Elvire, puisqu'il n'avait pas eu le plaisir de la voir. Il ne sortit le lendemain que pour aller regarder la maison où elle était renfermée, espérant que le hasard lui ferait peut-être trouver l'occasion de jouir de sa vue ; mais ses espérances furent vaines. Il y vint le jour suivant avec aussi peu de succès ; il apprit enfin quelques jours après qu'elle était partie pour Rome avec son mari, où elle allait solliciter un grand procès qu'elle avait pour une terre qui lui appartenait dans le comtat d'Avignon. Il se mit aussitôt en chemin pour le même lieu, et il se fit un plaisir en y allant de suivre Elvire, et de passer sur les mêmes routes qu'ils avaient vues quelque temps auparavant.

Regnard ne fut pas plutôt à Rome, qu'il s'informa avec soin d'Elvire : il se trouva à toutes les fêtes, et la chercha dans toutes les assemblées ; mais de Prade (c'est ainsi que s'appelait le mari de cette belle) avait pris un logis dans un quartier de Rome si peu fréquenté, que Regnard n'en put avoir aucune nouvelle.

Un jour que Regnard se trouva, sans être masqué, à un bal que le marquis de Liènes, ambassadeur d'Espagne, donnait à la princesse de Radzville, sœur du roi de Pologne, il fut abordé d'un masque magnifique, qui, contrefaisant sa voix, lui fit quelques questions en italien, et lui demanda si, depuis qu'il était à Rome, il n'avait point fait quelque inclination. Regnard répondit assez indifféremment, comme il faisait à tous ceux qui ne lui parlaient point d'Elvire, mais cette personne masquée le pressant davantage : Les beautés romaines, continua-t-elle, n'ont-elles

pas assez de charmes pour vous engager ?
et n'en peut-on point trouver une qui
égale celle que vous rencontrâtes à Bologne ? Eh ! où est-elle ? s'écria Regnard,
plein du trouble que ces dernières paroles lui causèrent ; est-elle à Rome ?
est-elle ici ? la connaissez-vous ? appre-
nez-m'en des nouvelles ? Vous aimez
donc ? reprit le masque assez froide-
ment ; et ces transports amoureux font
bien voir qu'une autre passion trouverait difficilement place dans votre cœur.
Une autre passion ! reprit Regnard :
qu'il est aisé de voir que vous me con-
naissez mal ! et que vous faites d'injure
au mérite de la personne que j'aime !
tous les cœurs ensemble pourraient-ils
l'aimer autant qu'elle est aimable ? et
vous me demandez s'il y a encore place
dans le mien pour un autre amour !
Cependant son embarras croissait, et il
examinait la personne qui lui parlait
avec des yeux si curieux, qu'il l'aurait
à la fin reconnue si l'approche d'un
autre masque, qui l'emmena, n'eût
fait cesser cette conversation. Regnard
la suivit encore autant qu'il put ; mais
l'ayant perdue dans la presse, il lui fut
impossible de la retrouver. Il sortit du
bal avec l'inquiétude mortelle de n'avoir

pu reconnaître la personne qu'il y avait vue ; il ne savait si ce n'était pas la marquise Angelini, qui était depuis peu à Rome, ou quelque autre dame de sa connaissance. Il crut aussi avec plaisir que c'était Elvire, que son cœur, par mille secrets mouvemens, avait reconnue plutôt que ses yeux ; et, dans cette croyance, tantôt il se louait d'avoir fait connaître son amour à la personne qu'il aimait, sans qu'il lui en eût coûté la peine qu'on souffre ordinairement à faire de pareilles déclarations ; tantôt il craignait d'avoir été trop indiscret, et d'avoir peut-être dit à une autre ce qu'il n'eût voulu dire qu'à Elvire. Il était enfin dans le cruel désespoir de n'avoir aucunes nouvelles certaines, lorsque, revenant quelques jours après de faire cortége au duc d'Estrées, ambassadeur de France, qui avait eu audience du Pape ce jour-là, et se promenant avec quelques Français dans la belle salle du Carrache, en attendant le dîner, il vit entrer la personne qu'il cherchait depuis si long-temps, et que ses affaires particulières avaient appelée ce jour là chez l'ambassadeur. Elvire reconnut d'abord Regnard avec un désordre qu'elle eut de la peine à cacher, et Regnard aperçut Elvire avec un trouble que répandaient sur son visage les sentimens de son cœur. Ils furent quelque temps à choisir un moment favorable pour se parler, parce que tous ceux qui étaient dans la galerie étaient venus pour faire compliment à Elvire sur sa beauté ; mais Regnard prenant le temps qu'elle était un peu écartée de la compagnie: Quelle agréable aventure vous conduit ici, madame ? lui dit-il, en l'abordant ; qu'il y a long-temps que je vous cherche ! et que je serais heureux si l'empressement que j'ai eu pour vous trouver avait fait ce que le hasard fait aujourd'hui ! Je ne crois pas, repartit Elvire, que personne se soit jamais beaucoup mis en peine de me chercher, et si quelqu'un l'avait pu faire, je vous soupçonnerais moins que tout autre, puisque vous n'avez pas dû chercher ce que vous aviez trouvé. Eh ! où vous ai je donc trouvée ? reprit Regnard : je ne vous ai jamais vue qu'à Bologne, et je me veux mal d'avoir vécu si long-temps, et de vous avoir connue si tard. Il est vrai que, depuis ce moment-là, vous m'avez toujours été présente dans le cœur ; mais enfin je ne me souviens pas d'avoir été assez heureux pour vous revoir. Et moi, repartit Elvire, je me souviens fort bien de vous avoir vu depuis ce temps-là. Serait-il possible, madame, interrompit Regnard, que n'ayant des yeux que pour vous ils m'eussent trompé dans l'occasion où j'en avais le plus de besoin ? N'étiez-vous pas au bal chez l'ambassadeur d'Espagne ? reprit la Provençale en souriant ; n'y fûtes-vous pas abordé d'un masque ? ne vous dit-il rien, ce masque ? que vous semble-t il de cette personne ? la reconnûtes-vous ? la prîtes-vous pour Elvire ? Ah ! madame, que me dites - vous ? répliqua Regnard, plein de trouble et de confusion : que je veux de mal à mes yeux de m'avoir trahi, et de ne vous avoir pas reconnue. Il parlait encore quand monsieur l'ambassadeur parut, lequel, ayant fait compliment à cette belle dame, passa dans une salle voisine pour se mettre à table. Regnard bientôt après fut obligé de le suivre ; mais avant que de quitter l'aimable Provençale : J'ai donc été bien malheureux, madame, lui dit-il, de vous avoir rencontrée sans vous reconnaître ; mais je le suis encore plus, aujourd'hui que je vous connais, de vous perdre sitôt après vous avoir cherchée si long-temps. Il la conduisit ensuite à son carrosse, et apprit de Mélite, sa femme de chambre, qui était pour lors avec elle, la demeure de sa belle maîtresse.

Il y avait trop long-temps que Regnard aspirait à voir Elvire pour ne pas chercher toutes les occasions de se rencontrer avec elle. Il la vit le plus souvent qu'il lui fut possible ; et toutes les fois que ces deux personnes se trouvaient ensemble, c'était toujours avec ces émotions que fait naître l'amour à la vue de ce qu'on aime. Elvire commença dès-lors à s'apercevoir que ce qu'elle croyait estime pour Regnard était quelque chose de plus. Elle eût bien voulu que le mot de bonté eût été assez fort pour exprimer ce qu'elle sentait pour lui ; mais elle ne pouvait avec justice appeler cela d'un autre nom que d'amour. Elle eut de la confusion de s'être sitôt rendue ; elle en frémit : mais voulant s'excuser à elle-même, elle en attribua plutôt la faute au mérite de Regnard qu'à sa faiblesse. Elle employa pourtant tous ses soins à cacher sa défaite aux yeux de Regnard ; elle ne lui parla plus qu'avec froideur, pour l'empêcher de concevoir aucune espérance, et mêla dans toutes ses actions un air de sévérité. Mais Regnard, qui a peut-être été aimé plus d'une fois, connut les véritables sentimens d'Elvire, malgré toutes ses feintes et ses déguisemens ; et, pour peu qu'on eût eu de pénétration, il n'eût pas été difficile de s'en apercevoir. Il faut plus d'art à cacher l'amour où il est, qu'à le feindre où il n'est pas, et l'on remarquait toujours dans les fausses rigueurs d'Elvire plus de contrainte que de naturel, quelque étude qu'elle apportât à détourner ses regards de l'endroit où il était : quand elle sortait de cette continuelle application, ses yeux, qui n'étaient pas toujours d'intelligence avec son cœur, cherchaient Regnard de tous côtés, et étaient sans cesse inquiets jusqu'à ce qu'ils se fussent arrêtés sur lui.

Regnard était au comble de sa joie, lorsqu'il reçut des lettres de France qui lui apprirent que des affaires de la dernière importance l'y appelaient ; ces nouvelles le jetèrent dans un chagrin qu'il n'est pas aisé de se figurer. Il ne put se résoudre à quitter Elvire dans le temps qu'il avait le plus de raison à demeurer près d'elle, et il crut que ses affaires les plus importantes étaient celles de ses amours. Il était dans cette résolution quand de nouvelles lettres, beaucoup plus pressantes que les pre- mières, l'avertirent de se rendre au plutôt à Paris, s'il ne voulait pas ruiner entièrement sa fortune. Ah ! quelle for- tune ! s'écriait-il en les lisant ; puis-je en attendre autre part qu'auprès d'El- vire ? avec elle ? ai-je rien à désirer et sans elle me reste-t-il quelque chose à espérer ? Eh bien ! je partirai, conti- nuait-il, puisque tu le veux, cruel destin ! mais au moins, auparavant que de partir, je veux découvrir tout mon cœur à Elvire ; elle connaît l'excès de mon amour, elle verra la violence du sort qui m'arrache d'auprès d'elle, et qui me force à la quitter : mais que dis-je ? je ne la quitterai jamais.

Regnard ne songea plus, dès ce mo- ment-là, qu'à trouver l'occasion de re- voir sa belle Provençale. Il avertit Mé- lite de son départ et du désir extrême qu'il avait de parler à sa maîtresse. Mé- lite lui promit toutes sortes de secours ; elle le flatta, quelques jours après, de l'espérance de parler le lendemain à El- vire en l'absence de son mari, et ajouta même, soit que cela vint d'elle ou de la connaissance qu'elle eut des senti- mens de sa maîtresse, qu'elle n'en serait

XI. 4

pas fâchée. Il n'en fallut pas davantage pour ·élever Regnard au comble de la joie : mais comme il ne faut rien pour flatter ou désespérer un amant, et que, suivant ses différens caprices, il s'afflige et se réjouit souvent de la même chose, il craignit aussi que cette facilité d'Elvire à le voir ne fût une marque de son indifférence et du peu de risque qu'elle courait en le voyant.

Il se trouva néanmoins le lendemain au lieu et à l'heure marqués par Mélite, qui ne manqua pas aussi à sa parole : elle le conduisit par un degré dérobé à la chambre de sa maîtresse ; mais on ne peut dire les craintes et les irrésolutions de Regnard quand il fut sur le point d'y entrer, résolu à aimer Elvire en secret sans oser rien entreprendre qui lui pût déplaire. Il parut enfin, plein de cette timidité que donne l'amour, dans le lieu où était Elvire ; et en l'abordant d'un air plein de respect :—Pardonnez, madame, lui dit-il en se jetant à ses genoux, pardonnez à un emportement dont vous êtes seule la cause, et à un crime que l'amour me fait commettre. Quand je ne vous dirais pas présentement que je vous aime, mes yeux et mes actions vous l'auraient pu faire connaître il y a déjà long-temps ; mais quelque connaissance que vous ayez de cet amour, vous ne pouvez savoir jusqu'à quel point je vous aime : vous ne sauriez, madame, inspirer de médiocres passions ; et connaissant bien que je vous aime infiniment plus qu'on n'a coutume d'aimer, je suis au désespoir de ne vous le dire que comme tout le monde le dit. Elvire feignant que cette visite imprévue et ce discours de Regnard la surprenaient étrangement : — Il n'est pas mal-aisé, monsieur, répondit-elle avec une feinte rigueur, de juger de la violence de votre amour par l'action hardie que vous venez d'entreprendre. — Ah ! madame, repartit Regnard, n'achevez point, je vous prie, de m'accabler : j'avoue que vous avez sujet de vous armer contre moi de tout votre courroux ; mais, quelle que puisse être votre indignation, je ne sais, madame, s'il est quelque chose de plus funeste pour moi que le mortel déplaisir de vous taire que je vous adore. Peut-être néanmoins que le respect qui m'a fait balancer si long-temps à vous faire une pareille déclaration m'aurait encore retenu aujourd'hui, si la nécessité ne m'y contraignait. Je vous aime, et je pars. Ces paroles firent oublier à

*

Elvire toute la rigueur avec laquelle elle avait commencé à lui parler. — Vous partez, reprit-elle : eh ! que vous sert-il donc de m'aimer ? et que vous servirait-il donc qu'on eût quelque bonté pour vous, et peut-être quelque penchant à ne pas vous hair ? — Non, belle Elvire, répliqua Regnard un peu rassuré par ces paroles, je ne demande point que vous m'aimiez ; je n'aspire point à un état si heureux : accordez-moi seulement la grâce de revenir dans peu auprès de vous sans vous déplaire ; et si vous voulez me permettre quelque chose de plus, souffrez que je vous aime tout le reste de ma vie.—Aimez-moi, j'y consens, reprit Elvire, et croyez que je ne suis pas insensible à votre passion, et que je ressens quelque chagrin de votre absence. — Ah ! madame, s'écria Regnard les larmes aux yeux, connaissez-vous les peines d'une absence, vous qui ne savez pas ce que c'est qu'une passion ? vous, madame, qui ne devez aimer que vous-même, et qui portez toujours où vous êtes tout ce qu'il y a d'aimable au monde ? Mais quelque bruit qui se fit à la porte obligea Regnard à se retirer promptement par le même degré qui l'avait conduit, où Mélite l'attendait. Il sortit tout charmé de ce qu'il venait d'entendre : il repassait dans son esprit toutes les paroles d'Elvire, il les examinait dans tous les sens avantageux qu'on leur pouvait donner : il craignait quelquefois de n'avoir pas dit de sa passion tout ce qu'il aurait dû dire ; quelquefois il appréhendait d'avoir paru trop hardi : enfin il demeurait toujours aussi mécontent de lui qu'il était satisfait de l'aimable Provençale. Elvire, de son côté, s'abandonna aux larmes et aux regrets quand elle ne vit plus Regnard : elle fit des plaintes à Mélite de l'avoir exposée à une vue si chère et si dangereuse. Car enfin que veux-je faire ? lui disait-elle ; veux-je aimer Regnard ? veux-je oublier mon devoir ? Je sens que je ne puis le voir sans l'aimer, et je ne puis l'aimer sans crime. Je dois ma tendresse à mon époux, et j'appréhende que Regnard ne me fasse oublier ce que je lui dois. Que je me veux de mal, continuait-elle, d'avoir paru si faible, et de ne l'avoir pas reçu avec les froideurs que je devais ! Mais il est parti, poursuivait-elle ; je ne le verrai plus, et je ne serai plus exposée aux dangereux combats que me livrent l'amour et le devoir.

Regnard partit avec tout l'ennui que cause une cruelle séparation, mais il n'alla pas loin ; le chagrin et la fatigue du voyage l'arrêtèrent à Florence, où il fut attaqué d'une fièvre si violente, que ceux qui connaissaient la cause de son mal crurent que cette maladie en serait la fin. Il fut en peu de jours dans un extrême péril ; mais la nature, aidée des remèdes, eut en lui tant de force, que, contre l'opinion de tout le monde, il recouvra la santé au bout de quelques mois, et cette maladie ne servit qu'à augmenter sa première vigueur. Tandis que Regnard reprenait ses forces, Elvire, ayant terminé heureusement ses affaires à Rome, revenait en France : la fortune la conduisit à Gênes dans le même temps que Regnard y arriva. Ils s'embarquèrent comme j'ai dit, sur ce vaisseau anglais ; et ce fut là que Regnard reconnut l'aimable Provençale dont il se croyait bien éloigné.

On ne peut exprimer quels furent les sentimens de ces personnes lorsqu'elles se trouvèrent ensemble. Que la vue de Regnard ralluma de feux dans le cœur d'Elvire ! qu'elle y fit revivre d'ardeur ! Quand on aime, on doute souvent de ce qu'on croit le plus. Cette jeune personne ne pouvait se persuader que Regnard qu'elle croyait en France, se trouvât si près d'elle. Regnard ne pouvait comprendre quel bonheur lui faisait retrouver Elvire. Ils eurent cent fois la bouche ouverte l'un et l'autre pour se témoigner leur transports de joie ; et la présence d'un mari leur faisait toujours dire toute autre chose qu'ils ne voulaient. Mais ils eurent beau se contraindre : de Prade, que la jalousie rendait pénétrant, s'en figurait toujours plus qu'il n'en voyait, et en voyait encore davantage qu'il n'en paraissait ; les actions les plus ordinaires, les paroles les plus indifférentes d'Elvire et de Regnard, qui n'auraient rien dit à tout autre, étaient pour le mari des preuves convaincantes de leur intelligence. Quand Regnard jetait les yeux sur Elvire, de Prade entrait aussitôt dans des emportemens terribles dont à peine était-il le maître ; quand Regnard les en retirait, il savait si bien qu'on était accoutumé à regarder sa femme quand on se trouvait avec elle, que qui ne la regardait pas y entendait du mystère.

Les conversations ayant néanmoins duré jusque bien avant dans la nuit, le capitaine céda son lit à Elvire et à son mari, et il en donna un autre à Regnard dans la même chambre. Je ne vous assurerai point, mesdames, si la joie qu’eut Regnard de se sentir auprès de sa maîtresse fut plus grande que le dépit qu’il eut de la savoir si proche de son mari; ce qu’il y a de certain, est qu’il passa la nuit dans des agitations terribles : la joie d’avoir rencontré Elvire, la crainte de la perdre bientôt, le plaisir imaginaire de se trouver couché près d’elle, la jalousie qu’il sentit en la voyant entre les bras d’un autre : tout cela le mit dans des inquiétudes qui ne lui permirent pas de reposer un moment. La belle Provençale, de son côté, ne passa guère plus tranquillement la nuit ; elle roulait dans son esprit cent pensées différentes. Quelle bizarrerie du sort ! disait-elle. Je commence à jouir du repos que l’éloignement de Regnard me fait goûter, je ne songe plus tant à lui, je tâche à l’oublier, je quitte Rome où je crains qu’il ne revienne, et cependant je le retrouve, en le fuyant, plus aimable que jamais. Mais qui peut l’avoir retenu si long-temps en Italie, quand des affaires de la dernière importance l’appellent en France? Une passion nouvelle ne l’a-t-elle point arrêté ? Ah ! je suis trahie !

se disait-elle en ce moment : Regnard ne m'aime plus ; l'ingrat m'a oubliée. Mais que me soucié-je de sa constance ou de sa légèreté ? Veux-je l'aimer ? Non ; il faut l'oublier pour jamais, et que son infidélité serve à mieux rompre des engagemens que la raison et le devoir devraient déjà avoir brisés.

De Prade étant un homme tel que je vous l'ai dépeint, vous vous imaginerez aisément qu'il passa une aussi mauvaise nuit auprès de sa femme qu'un autre y en aurait passé une agréable. Et quoique ces trois personnes eussent des intérêts bien différens, ils étaient tous néanmoins tourmentés de la même passion. De Prade était jaloux par tempérament, Elvire par amour, et Regnard par occasion : Regnard ne pouvait sans jalousie être témoin du bonheur d'un autre ; Elvire ne pouvait penser, sans être agitée de cette même passion, qu'une autre qu'elle eût pu engager Regnard ; et de Prade, travaillé de pareils sentimens, souffrait avec dépit que Regnard fût si proche de sa femme. Mais ce lui fut, le jour suivant, un mortel chagrin d'avoir sans cesse devant les yeux un objet aussi insupportable que lui paraissait Regnard. Qu'il eût bien souhaité pour son repos être encore dans le port de Gênes ! mais il en était bien éloigné ; et le vaisseau avait déjà passé les îles de Corse et de Sardaigne, quand celui qui faisait le quart aperçut deux voiles qui portaient le cap sur le bâtiment anglais.

Il n'y a point de lieu où l'on vive avec plus de défiance que sur la mer ; la rencontre d'un vaisseau n'est guère moins à craindre qu'un écueil. Regnard, qui était auprès de la belle Provençale quand il apprit cette nouvelle, ne fit aucune réflexion au péril qui le menaçait ; et comme il ne connaissait d'autre malheur que celui de ne la pas voir, il crut qu'il n'avait rien à craindre tant qu'il serait avec elle. Le capitaine, qui n'était point amoureux comme lui, s'inquiétait davantage ; il appréhendait avec raison que les vaisseaux qu'on découvrait ne fussent les mêmes Turcs qui lui avaient donné la chasse tout le jour en revenant depuis peu d'Alep, et qui l'avaient obligé à relâcher à Malte. Il voulait, dans cette crainte, prendre terre à Nice ou à Ville-Franche, d'où il n'était pas beaucoup éloigné : mais le pilote, homme fier et ignorant, fut d'un avis contraire, et persista dans son dessein

avec tant d'opiniâtreté, que l'on continua la route de Marseille. Cependant
la nuit vint ; et les vaisseaux qu'on avait
aperçus suivirent si heureusement l'anglais à la faveur de la lune, qu'ils se
trouvèrent le lendemain à la pointe du
jour à la portée du canon. Tout le monde
fut extrêmement surpris à cette vue, et
d'autant plus qu'il ne fut pas difficile de
reconnaître que ces vaisseaux étaient véritablement turcs, armés l'un et l'autre
de quarante pièces de canon. Les plus
timides alors se laissèrent saisir de
crainte, les plus résolus coururent aux
armes, et les plus expérimentés jugèrent
que tout cela serait inutile. Regnard fut
de ceux qui connurent mieux la grandeur du péril : il ne s'en étonna point,
il se proposa au contraire d'en sortir, ou
de mourir les armes à la main, pour
défendre la liberté d'Elvire et la sienne ;
et prenant le temps qu'elle était seule
dans la chambre du capitaine : — Dans
le malheur qui nous menace, madame,
lui dit-il avec assez de précipitation, je
dois encore rendre grâces à la fortune de
m'avoir si long-temps arrêté par une
dangereuse maladie, pour me faire trouver dans ce moment auprès de vous,
et y défendre votre liberté. Il n'est plus

temps de vous dire que je vous aime : si je ne l'avais pas déjà fait voir par mes paroles, vous le connaîtriez aujourd'hui par mes actions. Mais enfin, madame, sur le point de vous perdre pour jamais, permettez-moi de vous dire, peut-être pour la dernière fois, qu'en quelque endroit du monde où la fortune ait destiné de me conduire, je n'y vivrai jamais que pour vous.

L'état des choses ne demandait pas uu plus long discours; et Regnard, sans attendre de réponse, sortit aussitôt de la chambre pour faire tout disposer pour le combat. Tandis que tout le monde s'y employait, ces corsaires se divertissaient par le changement de leur pavillon : ils le firent d'abord de France, qu'ils relevèrent ensuite de celui d'Espagne; ils ôtèrent celui-ci pour y mettre en sa place un Hollandais, qui fut suivi d'un Vénitien et d'un Maltois; ils arborèrent enfin, après tous ces jeux, l'étendard de Barbarie, coupé en flammes au croissant descendant, et accompagnèrent cette dernière cérémonie de la décharge de toute leur bordée. L'anglais leur répondit de même, et ces premiers coups furent suivis d'un bruit épouvantable d'artillerie. On ne distinguait plus la mer d'avec le ciel : tant l'épaisseur de la fumée les avait confondus ! et cette première attaque fut si rude, que les Turcs, s'apercevant qu'en présentant le flanc ils étaient extrêmement incommodés du canon des Anglais, changèrent de bord, et remontèrent assez haut pour les venir charger en poupe ; ils revinrent avec plus de chaleur. Ce fut pendant ce combat que la belle Provençale, ne pouvant plus retenir l'impétuosité de son courage, sortit de la chambre du capitaine, où l'on avait eu toutes les peines imaginables à l'arrêter, pour venir sur le tillac partager la gloire et le péril. Sa présence donna une nouvelle vigueur à tout le monde, et particulièrement à Regnard, qui se signala pardessus tous les autres ; on n'attaqua jamais avec plus d'ardeur, et jamais on ne se défendit avec plus de courage. Le capitaine anglais, faisant le devoir d'un brave homme, fut coupé en deux par un boulet à deux têtes, qui blessa encore plusieurs personnes. Ce spectacle effrayant ne diminua rien de l'ardeur des combattans ; au contraire, la résistance des chrétiens, qui voyaient couler leur sang, allait jusqu'à la fureur. Lorsque tous les officiers du vaisseau et la plupart des Anglais furent tués ou mis hors de combat, le peu de monde qui restait ne laissait pas de faire tout ce qu'ont peut attendre de gens de cœur ; mais le combat était trop inégal pour pouvoir empêcher les Turcs de venir à l'abordage. Regnard courut aussitôt à l'endroit où était Elvire, et, secondé de quelques matelots, il soutint encore long-temps sur le pont l'effort des infidèles; mais enfin, accablé d'un nombre d'ennemis, il céda sans se rendre, et laissa les Turcs maîtres du vaisseau.

Mustapha, l'un des capitaines de ce vaisseau, vint le premier considérer ses captifs et son butin. Elvire lui paraissant charmante, il s'informa d'elle-même en italien qui elle était. Elvire lui répondit sans s'étonner qu'elle était Française, et que tout son regret était de n'avoir pu suivre ceux qui étaient morts dans le combat; qu'elle les estimait bien heureux d'avoir perdu la vie plutôt que la liberté : elle dit cela d'un air qui n'était point de captive, sans larmes, sans soumission, sans prières ; quoique, malgré sa fierté, sa grâce et sa douceur priassent assez pour elle. Mustapha estima son orgueil; il admira sa constance, et voulut qu'elle fût traitée, tout le reste du voyage, dans sa chambre avec des manières très-honnêtes et qui n'avait rien de turc.

Dispensez-moi, mesdames, je vous prie, de vous dire ici les sentimens de ces personnes infortunées, quand elles se virent dans un état aussi déplorable que celui où elles étaient tombées : il faudrait qu'elles-mêmes vous en fissent le récit ; car qui n'a point senti de pareilles afflictions ne peut jamais bien les exprimer. Je ne m'étendrai point là-dessus, pour vous apprendre plutôt, que les Tucs, après avoir erré plus de deux mois en faisant le métier de pirate, résolurent enfin de prendre le chemin d'Alger, pour s'y rendre, s'ils pouvaient, au temps du *Bahiram*, qui est la pâque de ces infidèles. Le vent fut si favorable, que huit jours après qu'ils eurent formé ce dessein, ils y rendirent le bord à l'entrée de la nuit, dans le temps qu'on allumait sur les mosquées les lampes qui brûlent pendant toutes les nuits du ramazan.

Je ne suspendrais pas ici, mesdames, les sentimens de pitié que nous inspire l'état malheureux d'Elvire et de Regnard par une légère description d'Alger, si le démêlé que nous avons depuis peu avec ces pirates ne me faisait croire que vous ne serez pas fâchées d'apprendre quelque chose de particulier de cette ville.

Alger est la capitale d'un royaume de même nom, qui en a trois autres sous lui ; celui de Trémissen ou Telesin, celui de Bugie, et celui de Constantine. C'est presque la dernière place de la côte de Barbarie qui relève du grand seigneur ; les royaume de Fez et de Maroc, faisant l'empire des chérifs, qui s'en sont emparés sous le prétexte de la religion, et qui, se disant de la race de Mahomet, ont pris comme tels le nom de *chérifs*, qui veut dire *illustres* ou *sacrés*.

Les géographes ne sont pas bien d'accord du nom ancien de cette ville ; mais ils avouent tous que les Sarrazins et les Arabes, s'étant débordés en Afrique, et ne pouvant souffrir qu'il restât aucun monument qui publiât la grandeur de l'empire romain, lui ôtèrent son nom pour lui donner celui d'Algezair, qui signifie *île* en arabe, à cause qu'elle est voisine d'une petite île, sur laquelle on a bâti depuis une forteresse qui défend le port.

Alger est situé sur le penchant d'une

coline, que la mer mouille de ses flots du côté du nord. Ses maisons, bâties en amphithéâtre et terminées en terrasse, forment une vue très-agréable à ceux qui y abordent par mer. Si je ne craignais, mesdames, de retarder votre curiosité, je vous parlerais du gouvernement de cette ville ; je vous dirais qu'Ariden Barberousse, fameux corsaire, y régna autrefois avec souveraineté, conjointement avec son frère Cheridim ; que, bien qu'elle soit tombée depuis sous la domination des Turcs, le grand seigneur n'en est pas si absolument demeuré le maître que la milice ne se réserve une espèce d'autorité souveraine : ce qu'on peut voir dans les traités et les déclarations, qui sont toujours conçus en ces termes : *Nous, grands et petits de la puissante et invincible milice d'Alger, avons résolu et arrété que*, etc. Mais il vaut mieux vous apprendre le sort de nos captifs, et vous dire, que la prière du matin étant finie, on conduisit les nouveaux esclaves devant le roi, qui a droit de prendre la huitième partie de tout le butin qui se fait. Ce prince, appelé Baba-Hassan, était doux, civil et généreux au-delà de tous ceux de sa nation ; il n'avait rien de barbare que le nom , et la nature avait pris plaisir à former en Afrique un naturel aussi riche qu'elle eût pu faire en Europe. Il trouva Elvire , au moment qu'il la vit , telle que tout le monde la trouvait, c'est-à-dire pleine de charmes ; il remarqua sur son visage les restes d'une beauté touchante , que les fatigues de la mer et les approches de la captivité n'avaient pu tout-à-fait effacer ; et ses beaux yeux , au travers de quelques larmes , jetèrent des feux qui passèrent jusqu'à son cœur. Baba-Hassan s'approcha d'elle , il la pria en des termes obligeans de ne se pas affliger ; il lui dit que la servitude où elle était tombée serait si douce, que la liberté l'était moins. Il la fit conduire à l'instant par un officier à l'appartement de ses femmes , qui ne purent voir sans une jalousie extrême les charmes de cette jeune odalisque. Le malheureux Regnard fut présent à ce triste spectacle; il crut voir Elvire pour la dernière fois en la voyant entrer dans un lieu d'où l'on sort difficilement : mais, quelle que fût sa douleur , je ne sais s'il n'aima pas autant la voir entre les mains de Baba-Hassan, qu'au pouvoir de son mari , qui fut accheté presque aussitôt d'un nommé Omar. Regnard fut vendu comme les autres. Il tomba entre les mains d'Achmet-Talem, de la race de ces Maures appelés *Tagarims*, qui se répandirent sur la côte d'Afrique lorsqu'ils furent chassés d'Espagne. Cet Achmet était connu pour l'homme le plus cruel qui fût dans toute la Barbarie ; mais Regnard sut vaincre sa cruauté en lui promettant pour sa rançon tout ce qu'il souhaita de lui. Cette prompte composition lui donna bientôt la liberté d'aller par toute la ville, et d'y exercer la profession de peintre , ayant passé pour tel sur le batistan , lieu où se vendent les esclaves.

Regnard n'eut pas plutôt cette liberté, qu'il employa tous ses soins à savoir des nouvelles de la belle esclave. Avant qu'il en pût avoir de certaines , il apprit confusément que le roi avait beaucoup de bonnes volontés pour sa nouvelle maîtresse, et qu'il faisait tout ce qu'il lui était possible pour gagner son cœur. Ce bruit paraissait encore plus vraisemblable à Regnard qu'à tout autre ; il savait trop bien qu'on ne pouvait voir Elvire sans l'aimer, ainsi il n'eut pas de peiné à y ajouter foi : mais il en fut entièrement persuadé par un eunuque, nommé Méhémet, qui avait soin du dehors du palais, et que Regnard avait gagné avec quelques ducats que les Turcs avaient oublié de lui prendre. Cet homme lui apprit tout ce qui se passait dans le palais, et l'instruisit de la passion du roi pour Elvire, et de ses complaisances pour elle. Il l'avertit même qu'elle devait sortir dans quelques jours pour aller au bain, qui était vers la porte de la Casserie, et qu'il ne lui serait pas difficile de la voir.

Ces nouvelles donnèrent beaucoup à songer à Regnard; la passion du roi lui fit désespérer de revoir Elvire en liberté, et lui fit envisager le dernier des malheurs, qui était de la perdre pour jamais. Il crut que le soin que Baba-Hassan prenait d'envoyer sa captive au bain était une marque certaine qu'étant las et rebuté des froideurs de son esclave, il voulait se servir de toute la puissance qu'il avait sur elle, les Turcs prenant presque toujours la précaution d'envoyer leurs femmes au bain lorsqu'ils veulent les honorer de leurs caresses. Cette pensée le fit presque mourir de douleur : il ne laissa pas pourtant de se trouver tous les jours à la porte du bain pour y rencontrer Elvire. Elle en sortit un jour, et l'apercevant la première : — Ah ! monsieur, s'écria-t-elle, je suis perdue ! secourez moi ! Qu'êtes-vous devenu ? et que deviendrai-je, hélas ! Nos puissances sont limitées, un grand bruit nous rend sourds, une grande lumière nous éblouit, une grande douleur nous rend insensibles. Regnard en fut si fort accablé, qu'il ne put répondre ; il lui serra seulement les mains entre les siennes : mais il ne jouit pas long-temps de ce plaisir, car elle lui fut bientôt arrachée par les femmes qui l'accompagnaient. Il la suivit des yeux autant qu'il put ; mais, hélas ! qu'il acheta cher cette vue ! quels mouvemens confus ne produisit-elle point en lui ! De l'amour il passa à la jalousie, de la jalousie à la crainte, de la crainte à la joie, de la joie à la tristesse, ou pour mieux dire, il sentit toutes ces passions en un même temps. Elvire sortait du bain, son visage n'était que charmes ; ses beaux yeux noyés de pleurs brillaient encore davantage. Qui ne l'eût aimée en cet état ! mais qui n'eût été jaloux en la voyant au pouvoir d'un homme qui était en droit de tout entreprendre ! Quelle joie pour

Regnard de la voir si belle ! quel déplaisir de la voir si affligée ! Que mon malheur est grand ! disait-il : Elvire, la belle Elvire me demande du secours, et je ne puis que la plaindre ! Je m'abandonne à à la douleur, quand je devrais me livrer pour elle aux plus grands périls. Tantôt il plaignait son sort, tantôt il enviait celui de Baba-Hassan : Faut-il, reprenait-il, que tu tiennes en ton pouvoir la personne du monde la plus aimable ! faut-il que tu sois en droit de tout prétendre d'elle ! Arracheras-tu par la violence ce que tu ne peux obtenir par la douceur ? Arrête, barbare, arrête ; respecte du moins la vertu et l'innocence de ta captive, si tu n'as pas de compassion pour son malheur !

Je m'aperçois, mesdames, que vous tremblez pour Elvire. Ce mot de Turc vous effraie, cette disposition de bain vous alarme ; mais ne craignez rien, cette belle est en sûreté : et Baba-Hassan, qui possède toutes les qualités d'un parfait honnête homme, n'a pas moins de respect que de tendresse pour elle ; et laissant à part le pouvoir du souverain, il essaie à se faire aimer par toutes les voies dont un amant se sert pour y arriver.

Regnard fut pourtant en proie aux plus funestes chagrins dont un cœur soit capable. La beauté d'Elvire, qui n'avait jamais été si éclatante, l'appréhension de cette jeune personne, conforme à la sienne, cette précaution de bain, tout le faisait trembler. Mais Méhémet le jeta encore quelque temps après dans un nouvel embarras : il le vint trouver un jour qu'il était employé à peindre la poupe d'un vaisseau qu'Achmet son patron faisait faire, et, sans l'instruire du sujet de sa venue, il lui dit que le roi le demandait. Cet ordre surprit extrêmement Regnard, il n'en pouvait deviner la cause ; et Méhémet ne lui en dit point la raison, quoiqu'il la sût. Regnard le suivit au palais ; mais Méhémet, ne le voulant pas laisser plus long-temps dans la crainte et dans l'erreur où il le voyait, le rassura en lui disant que le roi, ayant appris qu'il était peintre, lui commandait de dessiner des fleurs sur des voiles qu'il lui donna. Regnard apprit en les recevant que ce qu'il allait faire n'était pour d'autres personnes que pour Elvire, qui, voulant charmer ses ennuis et se divertir à broder, avait prié le roi que ce fût lui qui donnât les dessins de sa broderie.

La joie n'est jamais plus grande que lorsqu'elle est imprévue. Regnard en

sentit pour lors une si forte, qu'il ne songea plus aux malheurs de sa captivité. Il
se flattait avec raison qu'Elvire songeait
encore à lui, et il se faisait un si grand
plaisir à faire quelque chose pour elle,
qu'il s'estima même heureux d'être
esclave en ce moment; puisque cet état
lui donnait occasion de travailler pour
la personne qu'il aimait le mieux. Il
fit ce que le roi, ou plutôt ce qu'Elvire
lui avait commandé; il ordonna les
dessins, il les remplit de fleurs dont
la couleur pâle avait quelque rapport
à son amour. Ce n'était partout que pensées, que soucis, que violettes : si l'on
y voyait quelques boutons de roses, ils
étaient presque étouffés sous les épines,
qui formaient une chaîne, dont deux
cœurs, placés au milieu du mouchoir,
étaient étroitement unis. Sitôt que Regnard eut achevé son travail, il le porta
chez le roi. Ce prince le trouva fort à
son gré et parfaitement bien entendu :
et Regnard lui fit entendre que n'ayant
pu marquer avec la plume les différentes couleurs dont les fleurs devaient
être nuées, il était nécessaire qu'il parlât à la personne qui les devait broder,
pour lui faire concevoir la manière dont
elle les devait traiter. Baba-Hassan,

qui ne savait rien de l'inclination de Regnard pour la belle Provençale, et qui cherchait tout les occasions de marquer sa complaisance à sa jeune esclave, ne fit aucune difficulté d'accorder à Regnard ce qu'il lui demandait, et donna ordre à Méhémet de le conduire à l'heure même à l'appartement des femmes. Vous remarquerez, s'il vous plaît ici, madame, que, bien que l'on voie difficilement les femmes en Turquie, cette sévérité n'est pas si grande pour les esclaves que pour les Turcs, et vous verrez par la suite de ce discours qu'il est fort ordinaire que les chrétiens demeurent même dans la maison de leurs patronnes.

Regnard entra en tremblant dans un lieu où il n'y avait que des femmes : il y trouva Elvire dans un état capable d'embraser les plus insensibles ; et, quoique elle fût mêlée avec quantité d'autres personnes parfaitement belles, ses yeux la reconnurent aussi aisément parmi cette belle troupe, que son cœur la distinguait du reste des créatures. Elle était vêtue ce jour-là comme les femmes du pays, c'est-à-dire qu'elle était presque nue ; sa gorge toute découverte inspirait mille feux, et ses beaux cheveux noirs, renoués d'une écharpe couleur de feu, tombaient sans ordre sur des épaules qui éblouissaient par leur blancheur. Regnard n'en put soutenir l'éclat; et cette vue le mit tellement hors de lui, qu'il demeura quelque temps immobile, oubliant le sujet qui l'amenait auprès d'elle. Cette belle personne l'aperçut; et ne croyant pas voir ce qu'elle voyait: — Est-ce vous, monsieur? s'écria-t-elle en se levant toute transportée de joie: Eh! que venez-vous m'apprendre? Peut-il y avoir encore au monde quelque disgrâce à m'arriver?—Oui, madame, c'est moi, répliqua Regnard, c'est une personne qui vous adore, et qui a ressenti si vivement votre disgrâce, qu'il n'y a eu que la consolation de respirer le même air auprès de vous, et de se trouver dans le même état que vous, qui l'ait empêché d'en mourir de douleur. Oui, madame, je ne vis que parce que je vous aime, et si vous ne voulez pas que je cesse de vivre, permettez - moi de continuer à vous aimer. Regnard, en disant ces paroles, lui fit voir les voiles qu'il portait; et, faisant semblant de lui montrer avec la main la manière dont elle devait nuer les fleurs qui y étaient dessinées : C'est le roi, madame, continua-t-il, qui m'envoie ici, et c'est l'amour, comme vous voyez, qui m'y a ouvert un chemin de fleurs; mais, madame, rien ne m'a-t-il fermé celui que je me flattais d'avoir fait à votre cœur ?—Eh ! dit Elvire, songez-vous à moi au milieu de vos fers ? N'avez-vous pas assez de vos malheurs ? pourquoi tâchez-vous à vous en faire encore de nouveaux ?—Non, madame, répliqua Regnard, il n'y a d'autre malheur dans la vie que d'être éloigné de vous, et d'autre bonheur que de vous aimer, s'il se peut, autant que vous êtes aimable ; hors cela, je ne connais dans le monde ni bien ni mal, ni joie, ni tristesse ; et tout le reste m'est indifférent. Mais, madame, qui ne plaindra votre sort ? Vous êtes dans les fers, vous qui êtes née pour régner ; vous êtes captive, vous qui devez être toujours victorieuse.—Toute ma mauvaise fortune ne vous est pas encore connue, reprit Elvire : ma captivité serait moins à plaindre si elle était moins heureuse, et si mon cruel sort ne m'avait pas mise entre les mains d'un homme qui m'aime éperdument, et qui fait tout pour se faire aimer. Je ne puis, par toutes sortes

*

de raisons, répondre à ses tendresses, je l'évite, je le fuis ; il s'en plaint : qui me répondra qu'enfin cet amour outragé ne se changera point en fureur ? —Non, madame, interrompit Regnard, ne craignez rien ; vous portez sur votre visage des caractères qui inspirent en même temps l'amour et le respect ; et Baba-Hassan est trop bien payé de son amour par le seul plaisir de vous aimer. Quelle plus grande faveur peuvent espérer ceux qui vous aiment ? Pour moi, le ciel m'est témoin si je…—Eh ! de grâce, interrompit Elvire, changez ces sentimens d'amour en des mouvemens de compassion et pour vous et pour moi. — Moi, changer, madame ! moi, que je ne vous aime plus ! Eh ! voulez-vous m'arracher tout ce qui me reste au monde ? Je n'ai plus rien, je ne suis plus à moi-même ; et ce n'est qu'en vous aimant que je peux me mettre au-dessus des coups de la fortune. Elle peut me rendre malheureux, mais elle ne pourra jamais faire que je ne vous aime pas. Il parlait encore quand Baba-Hassan entra ; mais comme ils parlaient français, sa présence ne les empêcha pas de dire encore tout ce qu'un amour malheureux peut inspirer

de tendre. Elvire demanda des nouvelles de son mari ; et Regnard lui en
ayant appris se retira plus passionné
que jamais.

Il sortit d'auprès de la belle Provençale pour être encore plus avec elle
qu'il n'avait été. Il ne se crut pas tout-
à-fait abandonné, puisqu'au milieu de
ses disgrâces le ciel avait fait pour lui
ce qu'il n'eût même osé espérer. Ce
petit rayon de fortune lui en fit entre-
voir une plus grande ; et il s'imagina
que rien ne lui serait impossible quand
il serait secondé par l'amour. Il avait
remarqué, étant chez le roi, que la mer
mouillait le pied des murs du palais, et
que même le vaisseau où j'ai dit qu'il
travaillait n'en était éloigné que de
quelques pas. Cette disposition lui fit
croire qu'il ne lui serait pas impossible de voir quelquefois Elvire. Dans
cette pensée, il la fit avertir par Méhémet qu'il était tous les jours au pied de
son appartement, et que, sous prétexte
de vouloir prendre le frais sur la terrasse du palais, elle pourrait le voir, si
sa vue ne lui déplaisait point. Elvire,
avertie du voisinage de Regnard, monta
le lendemain sur cette terrasse qui avan-
çait sur la mer. Elle n'y fut pas long-

temps sans y être aperçue de Regnard, qui n'avait d'autre plaisir que de regarder tout le jour le lieu où était sa belle maîtresse. Il jouit quelque temps de son bonheur, il la vit avec joie ; mais cette joie était mêlée du déplaisir que lui causait l'état où il la voyait ; et un autre que lui se fût peut-être contenté de la vue d'un objet qu'il aimait si tendrement, sans espérer rien davantage ; mais ce n'était pas assez pour lui. Il savait que la fortune favorise les grandes entreprises, et il voulut que cette même fortune, qui avait eu pour lui des revers si funestes, eût aussi en échange des retours extraordinaires. Ce petit succès enfla si fort ses espérances, qu'il ne se proposa rien moins que d'enlever Elvire d'entre les mains des barbares, et de la remettre en France. Il ne jugea rien de plus proportionné à son amour que cette entreprise hardie ; et, dès ce moment, il disposa tout pour cette action. La difficulté était de faire savoir son dessein à la belle Provençale. Il ne voulait pas déclarer à Méhémet une affaire de cette importance, ni la confier au hasard d'une lettre. Cet obstacle l'arrêtait : mais, comme l'amour est ingénieux, il ne fut pas long-temps à trouver le moyen d'attacher un billet à une flèche qu'il jeta sur la terrasse du palais dans le temps qu'Elvire s'y promenait. Il était conçu en ces termes.

« On serait coupable, madame, de
» vous voir dans les enfers sans essayer
» à vous en retirer. Quelque difficile
» qu'en soit l'entreprise, elle ne l'est
» pas tant qu'elle paraît; et je ne trouve
» rien d'impossible au monde que de
» ne vous aimer pas. Nous vous atten-
» drons jeudi au soir, à l'entrée de la
» nuit, au pied de vos murailles : une
» pareille flèche que celle qui vous a
» porté ce billet vous portera un fil au
» bout duquel sera attachée une corde
» à la faveur de laquelle vous descen-
» drez. Les choses sont assez bien
» disposées pour faire espérer que
» l'entreprise réussira. Il y aurait trop
» d'injustice si vous étiez plus long-
» temps esclave : ce désordre et cette
» violence ne peuvent durer plus long-
» temps dans la nature; et l'on peut
» se flatter d'un heureux succès quand
» l'amour est de la partie, et qu'on
» travaille de concert avec lui pour la
» plus aimable personne du monde. »

Ce billet fut le lendemain suivi d'une réponse attachée à une pierre qu'Elvire jeta de sa terrasse dans le vaisseau où Regnard travaillait. Elle ne put avoir ni encre ni plume dans le palais ; mais la vivacité de son imagination répara ce défaut : elle passa une partie de la nuit à piquer avec la pointe d'une aiguille, sur du papier, tous les caractères qui composaient cette lettre. Regnard, l'ayant mise sur un fond noir, la lut fort distinctement : elle était conçue en ces termes :

« Je ne sais si c'est l'espérance de la
» liberté, ou le désir de vous revoir et
» mon époux, qui me fait trouver votre
» entreprise si agréable ; mais j'avoue
» que l'idée flatteuse que je m'en fais
» par avance me fait oublier les peines
» de ma captivité. Il est vrai que de mes
» maux l'esclavage n'est peut-être pas
» le pire ; j'aime, et c'est tout mon
» mal. Je ne sais qui m'arrache cette
» parole : mais n'en profitez point,
» Regnard ; c'est de mon mari que je
» veux parler. Qu'il soit avec vous,
» je vous en prie ; ou bien, si cela
» ne se peut, et que vous y veniez
» sans lui, n'y venez point avec tous
» vos charmes. Adieu, je vous attends
» à l'heure que vous m'avez mar-
» quée. »

Cette lettre porta autant d'amoureux traits dans le cœur de Regnard qu'il y avait de piqûres qui la composaient. Qu'il eut de plaisir à la baiser et à la tremper de ses larmes ! qu'il sentit de joie à la relire cent fois, cette aimable lettre, où il trouvait tant de douceurs, tant de charmes, tant de rapport à son amour ! Il interprétait en sa faveur les feintes d'Elvire, ses déguisemens, ses peines d'avouer une chose qu'elle ne pouvait dissimuler; et il ne songea plus dès-lors qu'à la grande affaire qu'il allait entreprendre. Il s'assura encore mieux des gens qui devaient être de la partie ; il les trouva tous dans les mêmes sentimens avec lesquels il les avait laissés, et il leur donna ordre de se rendre le jour marqué, deux heures avant qu'on fermât les portes de la ville, dans le vaisseau où ils savaient qu'il travaillait.

L'affaire fut si bien conduite que, le jeudi au soir, il ne manqua personne de tous ceux qui devaient s'y rendre. La première chose que l'on fit fut de se saisir du nègre qui gardait le vaisseau, de lui mettre un bàillon dans la bouche, et de le descendre à fond de cale. L'on n'eut pas de peine ensuite à rompre la chaîne qui tenait la chaloupe attachée ; et, ayant pris les morceaux de bois et les voiles qui étaient les plus nécessaires, on fit approcher la barque des murailles avec le moins de bruit qu'il fut possible. Regnard fit connaître son approche à la belle Provençale par quelques étincelles qu'il fit sortir d'un caillou, à quoi elle répondit avec une pierre qu'elle jeta dans la mer, et qui apprit à Regnard qu'elle l'avait prévenu au rendez-vous. Il fut si heureux que la flèche à laquelle le fil dont je vous ai parlé était attaché, tomba du premier coup sur la terrasse où était Elvire ; et il était impossible qu'étant animé par ce dieu qui les sait si bien lancer, il n'adressât pas d'abord où ses yeux, ses pensées et son cœur visaient continuellement.

On ne peut exprimer quels furent les sentimens de Regnard pendant le peu de temps qu'Elvire fut à se disposer pour descendre. On ne peut représenter ses transports, ses appréhensions, ses alarmes, ses frémissemens : tout le fait espérer, tout le fait craindre : le péril le rend presque immobile ; les horreurs de la nuit l'épouvantent ; il tremble, il espère, il craint.

Cependant Elvire descend : son approche dissipe les ténèbres ; elle chasse les craintes de Regnard, elle relève ses espérances. Mais la joie en ce moment le transporte à un tel excès, que ce n'est plus lui, ce n'est plus ce même Regnard, qui un peu auparavant animait l'un, exhortait l'autre, disposait la voile, prenait le gouvernail. On ne sait plus que sont devenues ses ardeurs : et sans le secours de ceux qui étaient avec lui dans la chaloupe, il aurait oublié ce qu'il y venait faire. Il se crut déjà trop bien payé de ses peines par la seule joie de posséder Elvire, quoique l'obscurité de la nuit lui ôtât le plaisir de la voir aussi bien qu'il l'eût souhaité. Il ne cessait néanmoins de la regarder avec tant d'opiniâtreté et d'application, qu'il ne s'aperçut pas que deux de ses gens s'étant mis sur la chaîne qui fermait le port, avaient déjà fait passer la barque par-dessus : mais sitôt qu'il fut un peu revenu du profond assoupissement où cette joie inespérée l'avait mis : — Est-ce vous, madame ? s'écria-t-il ; n'est-ce point une illusion ? et la fortune, que nous trouvons présentement si propice, ne feint-elle point un visage riant pour se démentir bientôt ? Mais n'importe : qu'elle se déchaîne maintenant contre nous autant qu'elle voudra, il n'est plus en son pouvoir de me causer une affliction pareille à la joie que je ressens. Vous êtes libre présentement, madame ; et, quand vous n'auriez que peu de temps à l'être, le ciel m'a choisi pour être l'auteur de cette courte liberté.

— Je ne suis pas si libre que vous pensez, reprit Elvire en soupirant ; je laisse encore la moitié de moi-même dans les fers : mon mari n'est pas avec moi. — Eh, de grâce, madame, reprit Regnard, n'empoisonnez point une joie aussi pure que celle que nous pouvons goûter en ce moment. Ne soyez point ingénieuse à vous former de nouveaux sujets de peine : laissez, madame, laissez au ciel le soin de votre mari ; il a fait naître des personnes pour vous arracher des mains de Baba-Hassan, il en suscitera d'autres pour tirer votre époux de la puissance des barbares.

Cependant la barque vole vers les îles Majorque et Minorque. Les vagues, quoique assez tranquilles, semblent s'abaisser encore pour la laisser passer avec plus de vitesse ; et les zéphyrs, secondés des amours, enflent les voiles avec tant de prospérité, que tout faisait espérer un heureux succès. La joie éclate sur le visage de tous ces illustres fugitifs, et ils avaient déjà fait plus de vingt milles quand le jour commença à paraître. Le brouillard qui s'élève ordinairement le matin sur la mer fut par malheur si épais ce jour-là, qu'ils ne purent apercevoir un petit brigantin sous la proue duquel ils se trouvèrent inopinément. Ils le virent quand ils ne purent plus l'éviter : ils tâchèrent en vain de changer de route pour s'échapper à la faveur des ténèbres ; mais le brigantin, en les apercevant, fit force de rames sur eux ; et, comme il n'en était pas beaucoup éloigné, il ne fut pas long-temps à les joindre. Je ne veux point, mesdames, vous exprimer le désespoir de ces infortunés quand ils reconnurent que ce brigantin était d'Alger, lequel y retournait après deux mois de course ; on ne peut se représenter un si grand changement, sans ressentir une partie des douleurs de ces malheureux. Combien de fois Regnard fut-il sur le point de se jeter dant la mer pour finir ses malheurs avec sa vie ! De quels yeux regarda-t-il Elvire ! que ne lui dirent-ils point dans ce moment, ces yeux, ces mêmes yeux où la joie venait d'éclater, et dans lesquels alors la dou-

leur était peinte ! Il n'exprima son affliction que par son silence et par quelques soupirs entrecoupés. Elvire parut
la moins émue : elle entra la première
dans le brigantin; Regnard la suivit
avec les autres, et le vent s'étant aussitôt mis au frais, ils se trouvèrent quelques heures ensuite à la vue d'Alger,
et peu de temps après dans le port.

La nouvelle du retour de la belle esclave, dont l'évasion avait déjà été sue
de tout le monde, ne fut pas long-temps
à se répandre dans toute la ville : on
accourut de toutes parts pour la voir
rentrer; et le capitaine du brigantin, appelé Turquille, la reconduisit au palais
comme en triomphe. Baba-Hassan ne
s'emporta point à la vue de cette belle
fugitive; il la reçut au contraire avec
les sentimens dont l'âme la mieux née
puisse être capable :—Si j'eusse cru, madame, lui dit-il, que votre condition
vous eût paru si rude, je vous aurais
évité, en vous rendant la liberté, les
risques que vous avez courus pour la
recouvrer; mais je m'étais imaginé que
l'amour que j'ai tâché de vous faire paraître en adoucirait les peines : vous
fuyez cependant, madame; mon amour
n'a pu vous arrêter, et je veux un mal

mortel à Turquille de vous avoir remise entre mes mains, puisque vous y revenez apparemment avec les mêmes sentimens que vous aviez quand vous en êtes sortie. Bien loin de faire aller sur vos pas, je m'estimais heureux de n'avoir plus devant les yeux une personne si belle et si sévère; et je suis au désespoir que votre vue, si contraire à mon repos, renoue des liens que votre éloignement aurait rompus.—Je n'attendais pas moins de générosité de votre part, seigneur, répondit Elvire, et je suis confuse des bontés que vous avez pour votre captive ; mais permettez-moi de vous dire que, plus ma captivité paraît douce, plus elle m'est insupportable. Vous m'aimez, seigneur, et ma loi, ma raison, mon devoir, tout me défend de vous aimer. Heureuse, si le ciel, en m'ôtant la liberté, m'eût ôté en même temps les appas qui vous ont charmé ! Vous m'aimez, répéta-t-elle encore, et n'ai-je pas lieu d'appréhender que vous vous lassiez de mon indifférence, et que cette bonté insultée ne se change enfin en un juste dépit dont vous ne serez peut-être plus le maître?—Non, madame, interrompit Baba-Hassan, ne craignez rien des emportemens de ma passion; ce n'est point en amour qu'on se sert de son pouvoir; et je serais de tous les hommes le plus malheureux si, ne pouvant mériter votre estime, je m'attirais votre haine. Baba-Hassan se retira après ces paroles: Elvire rentra dans le palais; et Regnard retourna chez son patron, qui ne le reçut pas avec la même civilité que Baba-Hassan avoit eue pour la belle Provençale; il essuya au contraire tout ce que la colère, mêlée de vengeance et d'intérêt, peut faire ressentir d'emportemens, et il fut depuis resserré dans son logis avec beaucoup de rigueur. Il est vrai qu'il eut dans cette solitude la compagnie de quatre belles femmes qui parlaient toutes fort bien espagnol; mais il fut insensible à leurs appas : il ne voyait rien, quand il ne voyait point Elvire; et cette compagnie, qui aurait été pour un autre un sujet de consolation, lui en fut un de mille occasions périlleuses.

L'amour chez les Turcs n'est point armé de traits, il est couvert de fleurs : on ne sait ce que c'est que d'y mourir des cruautés d'une belle; et les dames ont le même scrupule en ce pays-là de faire languir un amant, que quelques unes ont en celui-ci de le favoriser. Elles font toutes les avances : la loi de la nature est la première qu'elles suivent préférablement à celle de Mahomet, parce qu'elles sont femmes avant que d'être Turques, et elles donnent de la tendresse et des faveurs en retour des services que les hommes leur rendent ; enfin on y est heureux avant qu'on y soit amant. Les quatre belles personnes avec qui Regnard demeurait avaient naturellement un grand penchant à l'amour ; et la nature, en leur donant ce cœur tendre, ne leur avait pas refusé les avantages qui font aimer. Elles étaient toutes charmantes, et elles retenaient dans leur air quelque chose de cette fierté que nous remarquons dans les statues grecques ou romaines. Leurs habillemens et leurs manières inspiraient assez de tendresse ; elles n'y étaient que trop portées ; et Regnard était le seul qui ne brûlait point au milieu de tant de feux. Il ne fut pas long-temps néanmoins à s'apercevoir de la disposition du cœur de ses belles maîtresses, et il connut sans peine qu'elles souhaitaient de lui quelque chose de plus que les services ordinaires que rendent les domestiques.

Inmona, la plus belle et la plus jeune de toutes, fut celle qui lui fit paraître le plus d'amour. Elle avait tout ce qui peut former une aimable personne, le front élevé, l'œil brillant, la bouche pleine de ces agrémens qu'on ne peut exprimer; des cheveux noirs accompagnaient l'éclat de son visage avec tant d'avantage, qu'il semblait qu'elle ne les eût reçus de la nature que pour cet effet seulement: ses manières étaient les plus engageantes du monde. Regnard aurait sans doute mieux répondu à son amour, s'il y eût eu place dans son cœur pour une autre passion. Cette belle Africaine fut charmée des qualités de son esclave; elle fit tout ce qu'elle put pour s'en faire aimer; mille gestes amoureux, cent regards passionnés, une infinité de souris capables d'enflammer les plus glacés, étaient les armes ordinaires dont elle se servait pour abattre sa fierté: mais il payait les emportemens d'Immona de tant de froideurs, qu'on voyait aisément qu'il s'estimait malheureux de recevoir des douceurs d'une autre que d'Elvire, de qui les rigueurs lui auraient été cent fois plus agréables que toutes les faveurs des plus belles personnes du monde.

Immona ne fut pas la seule qui eut de la bonne volonté pour Regnard;

Fatma, qui ne lui cédait point en beauté, prétendit quelque part à son cœur; et elle n'avait jusqu'alors dissimulé sa passion que pour mieux connaître les sentimens de sa rivale qui lui avait fait confidence de son amour. En les connaissant, elle apprit aussi ceux de Regnard; et sachant qu'il rendait à sa passion une indifférence cruelle, elle s'imagina que le peu d'appas de sa rivale était cause de cette froideur. Dans cette vue, elle crut que le mépris que Regnard faisait de son cœur était une marque certaine qu'il soupirait pour une autre; et comme nous sommes naturellement portés à croire ce que nous souhaitons, elle se flatta avec plaisir d'avoir allumé cette passion. Elle ne songea plus, dans cette pensée, qu'à employer tous ses charmes, pour lui donner, si elle pouvait, autant d'ardeur qu'elle en avait pris; ses paroles ses manières, ses regards, tout était plein d'amour et d'artifice; et elle en montra bientôt plus que Regnard et Immona n'en voulaient savoir.

Immona vit naître avec horreur l'amour de cette rivale; elle ne l'étudia pas long-temps pour connaître les sentimens de son cœur : ses soins, les inquiétudes, l'indifférence de Regnard pour elle, tout lui disait ce qu'elle eût bien voulu ne pas apprendre. Le dépit s'empare aussitôt de son âme; elle se déchaîne, elle s'abandonne à la rage; et, avant que de faire éclater sa vengeance, elle exhala son dépit par ces paroles qu'elle adressa un jour à Regnard : —C'est donc une autre que moi qui t'a su charmer, ingrat! ce n'était pas assez pour moi du mortel chagrin de ne l'avoir pu faire : il fallait encore, pour accroître mes ennuis, que je visse une rivale en venir à bout? Cette indifférence que je te croyais naturelle ne s'étend pas sur tout le monde! et ce n'est que pour moi que tu gardes tes froideurs! Ces paroles dites d'un ton plein d'aigreur épouvantèrent Regnard; et croyant la fléchir en lui faisant l'aveu de son amour :— Ah! madame, lui dit-il avec un profond respect, il est vrai que j'aime, et que je suis épris de la plus belle passion dont un cœur soit capable; je porte des fers si doux, que j'en mourrais s'ils étaient rompus. Vous avez plus de charmes qu'il n'en faut pour engager les plus insensibles, mais vous n'en avez pas assez pour me faire commettre les infidélités les plus criminelles. J'aurais pour vous, madame, des sentimens d'amour réciproques si j'étais maître de mon cœur, et si l'amour ne s'y était pas rendu si absolu qu'il est présentement impossible de l'en chasser.—Va, ingrat, interrompit Immona avec des yeux enflammés de colère, tu m'en apprends trop, et tu cherches en vain à t'excuser; tu ne m'aimes pas, et cela me suffit pour te trouver criminel. Va, et souviens-toi que, si je n'ai pu te plaire, je pourrai te persécuter.

Elle se retira, en disant ces paroles, pleine de dépit et de rage; et, persuadée de l'amour de Regnard pour Fatma, elle ne songea plus qu'à le perdre. Elle était dans cette funeste résolution, quand son amour combattit encore quelque temps les sentimens de sa vengeance : rien ne détermine plus une femme à favoriser un amant que la concurrence d'une rivale; et, comme il arrive souvent que ce qui devrait éteindre le feu le rend plus âpre, les froideurs de Regnard ne servirent qu'à irriter davantage les ardeurs d'Immona. Cette femme, voyant qu'elle ne pouvait fondre les glaces de cet insensible, se résolut à faire un dernier effort, et à arracher par force des faveurs de cet indifférent. Elle ne demandait pas tant le cœur de Regnard que Regnard même; et un jour qu'Achmet était allé à la mosquée, et que toutes les autres femmes étaient sorties (il n'était resté qu'un nègre), elle appela Regnard dans sa chambre : Regnard y monta sans savoir ce qu'elle souhaitait de lui. Il la trouva couchée demi-nue sur un magnifique tapis de Turquie; un de ses bras lui servait d'oreiller; et l'autre, nonchalamment étendu, relevant l'extrémité d'une gaze noire qui lui servait de caffetan, laissait voir une partie du plus beau corps que la nature ait jamais pris plaisir de former. Qui n'eût été sensible à cette vue ? A peine aussi Regnard fut-il maître des transports qu'elle lui causa; il était tellement hors de lui en voyant tant de beautés, qu'il demeura long-temps immobile à regarder cette belle personne, sans songer qu'elle ne l'appelait pas pour regarder seulement. Elle s'aperçut de son trouble. — Que te faut-il donc, ingrat ? s'écria-t-elle d'un ton le plus passionné du monde; n'ai-je donc point assez de charmes, et ne comprends-tu point encore l'excès de mon amour ? Qu'attends-tu ? que souhaites-tu ? que crains-tu ? Parle : mais tu es immobile ; ton silence te condamne ; tu ne m'aimes point ! Va, cruel ! que le ciel, pour me venger, puisse un jour t'inspirer autant d'amour qu'il m'en a donné, pour te faire souffrir autant que je fais en ce moment ! Que je suis malheureuse, continuait-elle après quelques momens de silence, pendant lesquels elle avait laissé couler quelques larmes ! que je suis malheureuse d'avoir prodigué des faveurs à un ingrat qui en sait si mal user ! Ces paroles étaient prononcées d'un ton de voix si touchant, que Regnard en fut presque ébranlé ; et peut-être que sa fidélité, qui n'avait jamais été exposée à une si rude épreuve, n'aurait pas tenu encore long-temps contre tant de charmes, si Achmet, qui revenait de la mosquée, et qui se fit entendre par sa voix, n'eût bientôt fait changer de situation à tous deux. Le trouble que Regnard sentit pour lors ne se peut bien comparer qu'à celui d'Immona. Elle se désespérait : Regnard ne savait quel parti prendre, quand, pour comble de malheur, Achmet, de qui l'on pouvait facilement entendre toutes les paroles, demanda où était Immona.

Ce coup de foudre acheva de les ter-
rasser. Que faire dans cette extrémité ?
où se mettre ? où se cacher ? Le temps
presse, les délibérations sont hors de
saison ; et déjà Achmet monte, quand
Immona, conservant encore quelques
restes de présence d'esprit, fit mettre
Regnard avec précipitation dans un de
ces matelas qui servent de lit aux Turcs,
et qui sont roulés pendant le jour à un
coin de la chambre. Regnard était dans
cette violente situation quand Achmet
entra : il remarqua le trouble d'Immona, sans en pouvoir deviner la cause;
il lui en demanda plusieurs fois le sujet, et elle se sauva toujours le mieux
qu'elle put. Je ne vous dirai point si
l'émotion que sentit Immona ajouta
quelques nouveaux charmes à sa beauté ; mais il est certain qu'Achmet n'eut
jamais plus de tendresse pour elle qu'en
ce moment-là ; elle ne fut jamais à ses
yeux ni plus belle ni plus animée, et
il ne se sentit jamais ni plus amoureux, ni plus enflammé : il la caressa
plus qu'à l'ordinaire. Le doux bruit des
baisers dont il accablait Immona venait
même jusqu'aux oreilles de Regnard
qui avait des fraveurs mortelles que son
maître ne le découvrît, quand Cid-Haly,

père d'Achmet, entra tout d'un coup avec
grand bruit dans le logis ; il appela son
fils avec tant de précipitation pour aller
acheter des chrétiens nouvellement arrivés au port, qu'il fut obligé de le venir joindre dans le moment. Il est impossible de vous exprimer la joie que
ce libérateur causa à Regnard et à Immona. Quelles grâces ils lui rendirent
secrètement pour être venu si à propos
les tirer de l'abîme où ils étaient ! et
quels sermens fit Regnard de ne se
trouver de ses jours dans une bonne
fortune où il y avait tant à risquer !

L'amour si violent est voisin de la
haine ; et quand on a aimé avec emportement, il faut qu'on haïsse avec fureur.
Immona outragée, et persuadée de l'a-
mour de Regnard pour Fatma, ne res-
pire plus que rage et que cruauté, et ne
songe qu'à perdre Regnard. Les moyens
ne lui manquaient pas ; elle avait sur
son esclave un plein droit de vie et de
mort, et elle en eût été quitte pour rendre à Achmet ce que Regnard lui avait
coûté ; mais comme cette violence aurait
fait beaucoup d'éclat, elle s'abandonna
à une vengeance plus cachée et plus
conforme à sa haine. Elle voulut, par
un plus illustre emportement, immo-

XI.   6

ler deux victimes à l'amour, et sacrifier en même temps et Regnard et sa rivale· Elle n'a pas plutôt formé ce dessein, qu'elle instruit Achmet des secrètes intelligences qui étaient entre Regnard et Fatma; et, pour mieux assurer ce qu'elle avance, elle lui promet de l'en convaincre le lendemain de ses propres yeux. Elle donna tant de couleur de vérité à cette trahison, qu'Achmet donna dedans, et entra aussitôt dans une rage et dans un désir de vengeance si furieux, qu'il eut de la peine à en retenir les transports jusqu'au lendemain. Le jour venu, il ordonna secrètement à Kalisia et à Kamer, ses autres femmes, d'aller au lieu de la sépulture des Turcs, et d'emmener les nègres avec elles, en sorte qu'il ne restât dans le logis que les personnes nécessaires à cette tragédie, Fatma, Achmet, Regnard et Immona. Achmet fit semblant de sortir à l'heure ordinaire pour aller à la mosquée, et demeura dans une galerie qui était à côté de la porte. Immona resta en bas, et Fatma monta dans sa chambre, comme elle avait accoutumé. Toutes ces choses ainsi disposées, Immona commande à Regnard de porter quelque chose sur la terrasse, et, dans le temps qu'il est sur l'escalier, elle avertit Achmet de rentrer et de monter en haut s'il voulait être témoin de ce qui se passait entre Regnard et Fatma. On ne peut dire avec quels transports de colère Achmet monta pour surprendre Regnard, qui, ne songeant à rien moins qu'au piége qu'on lui tendait, revenait tranquillement d'où Immona l'avait envoyé. Achmet le rencontra près de l'appartement de Fatma, devant lequel il fallait de nécessité passer pour aller à la terrasse, et il lui sembla même, tant il était préoccupé, les entendre parler ensemble. Il n'en fallait pas davantage, et c'en était même trop pour convaincre un homme qui était déjà disposé à tout croire ; et, sans examiner davantage les choses, il se jeta sur Regnard, les yeux étincelans de colère, et l'aurait percé de mille coups, s'il ne l'eût réservé à une plus célèbre vengeance. Fatma ne fut pas mieux traitée que Regnard, et elle porta sur le visage des marques de l'emportement d'Achmet. Immona monta à ce bruit, faisant l'ignorante de tout ce qui se passait, et triomphant dans l'âme de l'heureux succès de sa fourberie. Elle interpose son crédit ; elle feint de vouloir calmer le courroux

*

d'Achmet : mais rien ne le peut apaiser ; il court dans le moment avertir des officiers pour conduire des criminels en lieu de sûreté. Regnard connut bientôt l'auteur de cette trahison. Il avait remarqué que, depuis ce qui s'était passé avec Immona, elle ne le regardait plus qu'avec des dédains mêlés de fureur , et qu'elle ne voyait plus Fatma sans faire éclater son ressentiment. Il vit bien que tout ce qui était arrivé n'était conduit que par ses artifices ; et la regardant avec des yeux d'indignation : — Tu triomphes, cruelle, lui dit-il, tu triomphes ; tu immoles deux innocentes victimes à ta vengeance : mais tu ne profiteras point de ton crime ; je te haïrai partout ; et je suis assez vengé puisque tu m'aimes , et que tu ne me reverras jamais. Il ne lui en put dire davantage. On le conduisit aussitôt au château de l'empereur, qui est hors de la ville , et Fatma fut menée aux prisons des femmes publiques. Regnard vit avec horreur le péril où il était : il savait les lois des Turcs qui veulent qu'un chrétien trouvé avec une mahométane expire son crime par le feu, ou se fasse musulman. Il avait beau protester son innocence , Achmet , qui avait juré la perte de son

esclave, voulait l'immoler à son ressentiment. Il y était animé par Immona ; en
sorte que les affaires de Regnard étaient
pour lors en un très-fâcheux état.

Cependant le consul de la nation
française apprend tout ce qui se passe :
il interpose son autorité ; il va trouver
Achmet, qui se rend d'abord implaca-
ble. Le consul ne se rebute point : il lui
représente que rien n'est quelquefois
plus faux que les apparences ; que,
quand la chose serait vraie, il aurait peu
de gloire à faire paraître sa puissance
contre son esclave ; et il lui fit connaître
enfin qu'en le perdant il perdait en
même temps une somme considérable
qui était venue depuis peu pour son rachat. Cette raison fut beaucoup plus
forte que toutes les autres ; et, comme
il n'y a rien que les Turcs ne sacrifient
à leur intérêt, Achmet se laissa un peu
abattre. Quand les premières fougues de
sa colère furent passées, il retira Regnard des mains du Divan, et il avoua
devant les juges que ce n'était que sur un
simple soupçon qu'il avait agi, et que
le crime de son esclave n'était confirmé
d'aucune preuve.

Il ne faut qu'un moment pour changer la face des affaires les plus désespé-

rées, et la fortune ne se plaît que dans ces grands et soudains changemens. Dans le temps que Regnard est le plus accablé d'infortunes, c'est dans ce même temps-là qu'il est élevé au comble du bonheur, et qu'Achmet lui rend la liberté après avoir reçu chez le consul le prix de sa rançon.

Il n'y avait pas deux heures que Regnard était libre, et il se promenait dans une galerie avec le consul, tout plein de la joie que lui causait le nouvel état où il se trouvait. Il songeait à l'aimable Elvire dont il n'osait demander des nouvelles : il le voulut faire plusieurs fois ; la crainte qu'il avait d'apprendre quelque chose de fâcheux lui faisait toujours dire autre chose qu'il ne souhaitait. Il était dans cette inquiétude, quand il vit tout d'un coup entrer une dame, qu'il reconnût chrétienne par le voile dont elle avait la tête couverte. Le consul la voyant approcher : —Voilà, dit-il à Regnard, une dame qui ne vous est pas inconnue ; elle n'a pas moins souffert que vous ; mais enfin les maux de sa captivité sont finis aussi bien que les vôtres : je vous laisse avec elle pour aller finir quelques affaires pressées. Regnard ne reconnut point d'abord cette dame ; mais quelle surprise fut la sienne , quand il vit l'aimable Provençale ! Les grandes passions ne se marquent point par des mouvemens ordinaires : Regnard ne s'emporta point aussi à des signes d'une joie commune ; mais ayant regardé quelque temps Elvire avec des yeux interdits : — Pardonnez, madame, s'écriat-il en se jetant à ses pieds ; pardonnez à des transports dont je ne suis plus le maître. Ils ne purent alors retenir quelques larmes ; mais ces larmes n'étaient pas de celles que la joie seule d'avoir recouvré leur liberté leur faisait répandre ; elles étaient mêlées de cette douceur et de ce charme qui ne se trouvent que dans l'amour. Regnard cependant ne pouvait se rassasier de regarder Elvire : elle ne lui avait jamais paru si charmante; et les larmes, dont son beau visage était trempé, lui causaient une certaine langueur qui, se confondant avec cette vivacité que répand ordinaiment la joie, formait la beauté du monde la plus touchante. Regnard rompant enfin le silence : C'est donc vous, madame, que je vois! lui dit-il, c'est vous! vous êtes libre, et je n'ai en rien contribué à votre liberté. Faut-il que je vous voie hors des fers avec quelque chagrin, puisque je n'ai pas eu la gloire de vous en tirer?— Ah! monsieur, reprit la belle Provençale, je ne me souviens qu'en frémissant de ce que vous avez hasardé pour moi; mon mari n'est plus, et la cause de sa mort ne vient sans doute que de ma fuite avec vous. Ces paroles, qui furent suivies d'un débordement de larmes, surprirent extrêmement Regnard : il ne savait rien de la mort de de Prade, et quoique la douleur d'Elvire l'affligeât au dernier point, il eut néanmoins de la peine à dissimuler la joie que cette nouvelle lui causait, puisque de Prade était le plus dangereux rival qu'il eût.

La perte d'un mari est quelque chose de si sensible, continua Elvire après avoir donné quelques momens de trève à sa douleur, qu'il est impossible de l'exprimer : s'il y a pourtant quelque chose qui puisse tempérer ce chagrin, c'est une joie pareille à celle que je ressens aujourd'hui : je vous vois, je suis libre, vous n'êtes plus dans les fers; et vous pouvez juger de la joie que j'ai de votre liberté, puisqu'après celle de mon mari, pendant qu'il vivait, c'était ce que je souhaitais avec le plus d'ardeur.

vos intérêts et les siens m'étaient presque communs ; je les confondais même souvent ensemble : et je ne sais si je ne suis point criminelle d'en avoir fait si peu de distinction. Cette vertueuse personne rougit à ces paroles, et elle voulut, en cachant son beau visage, dérober à Regnard le plaisir que lui causait cette aimable confusion ; mais Regnard relevant doucement le coin du voile dont elle se cachait :—Ne m'empêchez pas, madame, lui dit-il, de vous admirer dans un état si charmant. Que vous devez me paraître divine avec cette rougeur ! et comment peut-on entendre ces paroles engageantes de votre belle bouche, et ne pas expirer de plaisir à vos yeux ! C'est trop de joie pour un seul jour, madame, et mon cœur ne la peut contenir. Ils passèrent le reste de la journée dans un épanchement de cœur qu'on ne peut exprimer ; ils se dirent tout ce qu'un violent amour peut inspirer de plus tendre. Elvire apprit à Regnard que son mari avait été emporté depuis trois mois de la peste, qui avait fait d'étranges ravages dans la ville. Elle lui dit ensuite que le roi, ne pouvant être heureux dans ses amours, avait fait connaître la pureté et la délicatesse de sa passion en lui rendant la liberté par une générosité vraiment royale. Regnard, de son côté, informa sa maîtresse de tout ce qui s'était passé depuis leur retour, des différens risques qu'il avait courus, l'impossibilité de lui faire savoir de ses nouvelles et de recevoir des siennes, et de la manière enfin dont il avait recouvré la liberté.

Ce fut pendant ce temps-là que la permission qu'avait Regnard de voir la belle Provençale autant qu'il le souhaitait, rendit son ardeur plus vive; il reconnut encore plus de charmes dans son esprit qu'il n'avait remarqué de perfections dans sa personne; et quand quelquefois cette belle veuve, s'échappant à la joie, oubliait pour quelque temps l'idée de son mari, elle faisait éclater un enjouement si spirituel, que Regnard n'aurait pu lui refuser son cœur, s'il n'en eût pas déjà été amoureux.

Enfin ce jour, cet heureux jour souhaité par tant de vœux, demandé avec tant de larmes, ce jour auquel Elvire et Regnard devaient sortir d'Alger, arriva. Ils s'embarquèrent après avoir pris congé du consul; et, sitôt qu'ils furent dans le bord, on mit à la voile. Le vaisseau n'était pas encore sorti du port, que Regnard, qui était resté sur le tillac pour voir appareiller, entra dans la chambre du capitaine où était Elvire ; il la trouva couchée sur un de ces petits lits qui sont sur les vaisseaux, désolée et capable de percer de douleur les plus insensibles. —Eh bien! madame, lui dit-il en s'approchant de son lit, vous voulez donc toujours vous affliger ! n'est-il pas temps enfin que ces larmes tarissent ? et ne pouvez-vous jouir du repos après de si longues traverses ? Vous sortez des fers, vous rentrez dans votre patrie, les vents les plus favorables vous y portent; et tout ce qui devrait vous élever au comble de la joie ne sert qu'à vous jeter dans un abîme de tristesse. Vous ne dites rien, madame, poursuivit Regnard en levant le coin du mouchoir dont elle essuyait ses beaux yeux ; regardez-moi du moins, je vous prie, et n'achevez pas de me désespérer par le mortel chagrin que me cause votre tristesse. Elvire ne répondit que par un soupir ; et Regnard, ne pouvant plus soutenir la présence de cette belle désolée, sortit de la chambre pour n'y pas rentrer sitôt ; mais il ne fut pas long-temps à revenir près d'elle. Ses larmes étaient un peu essuyées ; et, comme elle avait passé dans un moment, de la tristesse que lui causait le souvenir de la mort de son mari à la joie que lui donnait la vue de Regnard, elle le regarda avec des yeux tout brillans de bonté, et qui lui portèrent encore mille nouveaux feux dans l'âme.—Non, mon cher Regnard, lui dit-elle en le voyant, non, je ne veux plus m'affliger. Le Ciel en m'ôtant mon mari vous a conservé : cela suffit pour me consoler, et vous me tenez lieu de tout. Regnard ne put répondre à de si tendres paroles ; mais se jetant à ses genoux et prenant une de ses mains, il attacha sa bouche toute de feu avec un si grand transport, qu'il en demeura hors de lui. Il n'eut pas la force de se lever, mais regardant Elvire avec les yeux les plus passionnés du monde :—J'ai eu assez de résolution, madame, lui dit-il, pour souffrir ma disgrâce, et je n'ai pas assez de force pour soutenir ma bonne fortune : pardonnez-moi, belle Elvire ; les joies immodérées agitent d'abord avec trop de violence, et ma joie suffirait à faire plusieurs heureux.

Pendant le temps que ces amans

furent à repasser en France, ils ne se quittèrent presque pas un seul moment; ils ne rencontrèrent, en faisant leur route, qu'un seul vaisseau de Marseille, qui portait à Alger quelques religieux, lesquels y allaient racheter des captifs : ils avaient été surpris d'un gros temps, qui ne servit qu'à les porter plus vite où ils voulaient aller. Ils arrivèrent enfin à la Cioutat, où on leur donna le lendemain des gardes de santé pour les conduire à Marseille, et y faire quarantaine au lazaret.

Ce fut dans ce lieu - là qu'ils eurent tout le temps de se dire ce qu'ils sentaient l'un pour l'autre. Quel plaisir pour Regnard de se voir avec Elvire! plus de mari, plus de jaloux, plus de témoin. Quelle satisfaction pour Elvire de se voir continuellement avec Régnard après de si cruelles séparations! On ne se formera jamais qu'une imparfaite idée du bonheur de deux personnes que la fortune a conduites au comble du contentement par des ressorts si cachés et si extraordinaires. Non, madame, lui dit Regnard, un jour qu'il se trouva le plus passionné de sa vie, et qu'il devait le lendemain sortir du lazaret, quand vous ne seriez pas la plus aimable personne du monde, et que je serais assez malheureux pour ne vous pas aimer plus que toutes choses, j'y serais forcé malgré moi. Il y a quelque chose de si nouveau et de si engageant dans notre destinée, qu'il est impossible que nous ne soyons pas nés l'un pour l'autre: nous nous sommes rencontrés en tant d'endroits ; nous nous sommes vus ensemble en des états si différens, qu'il semblait que le hasard ne nous unissait que pour nous séparer, et ne nous éloignait que pour nous rejoindre. La première fois que je vous vis, je vous aimai; en vous revoyant, je fus charmé. J'ai été dans les fers avec vous, je vous y ai adorée. Nous sommes libres présentement ensemble : eh ! que dois-je espérer, madame ? s'écriait-il en embrassant ses genoux. Regnard animait ces paroles d'un ton de voix si passionné, qu'Elvire en fut émue; le feu sortait de ses beaux yeux, et tout son visage se couvrit d'une aimable rougeur : elle n'eut pas la force de répondre, et Regnard ne lui put rien dire davantage; mais tout leur entretien, qui n'était alors qu'un langage muet, était plus éloquent mille fois que les plus tendres paroles : c'étaient les yeux, les larmes et les soupirs qui parlaient, et qui ne se faisaient que trop bien entendre. Quand Regnard prenant la parole: Vous ne dites rien, madame, lui dit-il; eh! que dois-je juger de votre silence? Avez-vous de la confusion à avouer que vous m'aimez? ou appréhendez-vous de me désespérer en me disant que vous ne m'aimez pas? Parlez, madame, et ne me laissez pas plus long-temps en proie à tant de différentes pensées qui me tourmentent; ne souffrez pas qu'il y ait tant de désordre en un cœur où vous régnez si absolument. —Que voulez-vous que je vous dise? reprit faiblement Elvire. — Ce que je veux que vous disiez? interrompit Regnard : ce qu'on dit quand on aime; que rien ne pourra troubler mon amour; qu'un prompt engagement unira votre sort au mien avec des nœuds qui dureront toujours : car enfin, madame, tant que votre mari a vécu, je vous aimai sans intéresser votre austère vertu dans cet amour; présentement qu'il n'y a plus de devoir à écouter, il n'y a que l'amour à suivre.— Vous ne vous souvenez donc plus, reprit Elvire, de ce que vous m'avez dit tant de fois, que vous ne demandiez pour prix de votre amour que la seule gloire de m'aimer ? et vous me parlez présentement d'hymen ! Cette pensée me fait frémir : le souvenir encore récent de mon mari n'en est pas toute la cause ; je craindrais, en possédant votre cœur, de ne pas posséder votre estime. Vous vous êtes flatté peut-être que j'ai été susceptible de quelque tendresse pour vous dans le temps que je la devais toute à mon mari ; ne craignez-vous point avec une espèce de raison qu'ayant pu succomber à une première faiblesse, je ne fusse encore capable d'une seconde lorsque je serais votre femme ? ne trouveriez-vous pas dans cette vue trop de facilité à dégager avec plaisir un cœur à qui la possession aurait déjà ôté tout le goût de l'amour ? Je tremble quand je pense à cela : je ne connais que trop de quel prix il est ce cœur ; je mourrais de douleur si je ne le possédais pas présentement tout entier : que deviendrais-je, hélas ! si je le perdais étant votre épouse ! —Ah ! madame, que vous avez de tendresse, s'écria Regnard ! et qu'une personne qui peut aimer aussi délicatement que vous est peu capable de faiblesse ! Non, madame, je serais toute ma vie si fort persuadé

de votre fidèlité, que, si j'étais un jour
assez heureux pour devenir votre époux,
je crois que je vous verrais sans jalousie
entre les bras d'un autre ; je croirais,
madame, ou que vous l'auriez pris pour
moi, ou que je vous aurais prise pour
une autre, et je me défierais plus de
la fidélité de mes yeux que de la vôtre :
mais, madame, ne vous faites point des
vaines terreurs que mon amour ne peut
prendre que pour d'honnêtes refus.—Ne
me pressez point tant, je vous prie, repartit Elvire; je sens que je ne vous pour-
rais rien refuser: je vous dois tout par reconnaissance, et mon cœur même n'est
pas exempt de cette obligation.—Ah !
madame, que me dites-vous ? ne m'aimez point plutôt, si vous ne m'aimez
que par reconnaissance, et parce que
je vous aime : je veux tout devoir à
votre inclination ; il faut que ce soit
un penchant insurmontable qui vous
entraîne à m'aimer même malgré vous.
—Que vous êtes pressant, Regnard ! reprit Elvire ; on ne peut trouver d'ac-
commodement avec vous, et vous n'ê-
tes point content si on ne vous accorde
tout ce que vous voulez. Dois-je songer
à de nouveaux engagemens sitôt après
la mort de mon mari ? et puis je.... Ah !

madame, interrompit Regnard, puisque vous n'êtes plus que sur le temps, je suis heureux. Il viendra, madame, cet heureux jour, où je mourrai de joie par avance en l'attendant; mais promettez-moi ce que vous me dites, et que cette belle main soit le gage précieux du bien que vous me faites espérer. Elvire à ces paroles laissa doucement tomber sa main, que Regnard recut dans les siennes, et qu'il essuya de ses baisers après l'avoir trempée de ses larmes.

Ils étaient l'un et l'autre dans un contentement qu'on ne peut exprimer, quand ils sortirent du lazaret. Cette joie s'accrut le jour qu'Elvire arriva à Arles, où elle fut reçue de tous ses parens, qui étaient les premiers de la ville, avec des signes d'une joie extrême. On oublia aisément la mort de de Prade, pour ne songer qu'au plaisir que causait le retour d'Elvire : on ne parla que de divertissemens et de parties de plaisir, où Regnard était toujours invité. Il ne fut pas difficile de s'apercevoir bientôt de l'inclination qui était entre ces deux personnes ; on la vit même avec joie ; leur passion fut celle de tout le monde : leurs désirs furent suivis de ceux de tous les autres ; et chacun approuva une union qu'il semblait que le Ciel eût pris plaisir de former. Regnard fut obligé d'aller à Paris pour mettre ordre à ses affaires ; il n'y demeura que le moins qu'il put ; mais il y fut assez pour trouver à son retour plusieurs rivaux qui tâchèrent de profiter de son absence. Il n'y avait presque personne à qui les manières honnètes et engageantes de cette belle veuve ne fissent concevoir beaucoup d'espérance ; mais ceux qui la connaissaient le mieux espéraient le moins, et jugeaient aisément que cet air libre était plutôt un effet de son tempérament que de l'inclination de son cœur.

Regnard revint plus amoureux qu'il n'avait jamais été ; il trouva aussi sa belle Provençale encore plus aimable qu'il ne l'avait laissée : il ne s'aperçut d'aucun changement dans le cœur de sa belle maîtresse ; il lui semblait au contraire que l'absence avait rendu son ardeur plus vive, et il ne lui fut pas difficile d'écarter par sa seule présence tous ceux qui auraient pu lui nuire.

Il attendait avec impatience le temps qui devait bientôt le rendre heureux ; il vivait cependant content de son sort, quand il fut accablé du plus cruel revers de fortune qu'on puisse éprouver.

Regnard était un jour chez sa belle veuve avec quelques-uns de ses amis, quand un laquais d'Elvire vint avertir sa maîtresse, que deux religieux, qui venaient d'Alger, souhaitaient lui parler. On les fit monter, et ils entrèrent dans la salle où était la compagnie, suivis d'un homme qui était en fort misérable équipage. La surprise de tous ceux qui étaient présens fut grande, à l'abord de ces gens qu'on ne connaissait point ; elle fut extrême, quand on vit que cet homme si mal vêtu vint se jeter au cou d'Elvire : mais elle fut telle qu'on ne la peut exprimer, lorsqu'on remarqua que cet inconnu, après s'être détaché de si violens embrassemens, était de Prade, qu'on croyait mort depuis plus de huit mois. Jamais on ne vit un moment pareil ; tout le monde devint immobile. Elvire regardait de Prade sans rien dire ; Regnard considérait Elvire sans parler ; et de Prade jetait ses yeux tantôt sur sa femme, et tantôt sur Regnard. Il regardait l'une avec joie, l'autre avec jalousie, et étudiait toujours dans leurs yeux les sentimens de leurs cœurs. Regnard et Elvire, comme les deux plus intéressés dans cette aventure, en examinèrent plus soigneusement les apparences ;

mais cette recherche ne servit qu'à leur persuader ce qu'ils voyaient et le témoignage des religieux acheva de les convaincre. Ils apprirent à la compagnie ce qui s'était passé dans le rachat de de Prade : ils dirent que Baba-Hassan avait acheté de Prade d'Omar son patron , pour l'éloigner d'Alger dans le temps qu'Elvire était encore sa captive, et pour faire courir plus facilement le bruit de sa mort, afin que la nouvelle en venant à Elvire, elle ne fît plus difficulté de se rendre à ses ardentes prières ; qu'enfin , n'ayant pu rien gagner sur le cœur de cette vertueuse esclave , et désespérant d'en jamais rien obtenir , il lui avait généreusement donné la liberté , et qu'elle n'avait pas plutôt été partie , qu'il avait rappelé de Prade des montagnes où il l'avait envoyé, avec l'armée qui était allée faire payer tribut aux Maures. Les religieux ajoutèrent encore que , s'étant trouvés au retour de de Prade dans Alger , où ils avaient racheté plusieurs captifs, Baba-Hassan avait absolument voulu qu'ils le rachetassent, s'imaginant bien que cet esclave, qu'on croyait mort à son pays, ne serait jamais racheté autrement.

Croit-on qu'il soit possible de représenter les différens effets que produisait cette aventure, et de vous en donner une idée assez forte? Les cœurs de tous ceux qui étaient présens se partagèrent alors, et tous les mouvemens dont ils sont capables se firent sentir, et furent peints alors sur le visage de ceux qui composaient cette assemblée. La joie, la tristesse, l'étonnement, la crainte, le dépit, la jalousie, le désespoir : tout parut en ce moment ; et il n'y eut presque personne qui ne fût agité de plus d'une passion. De Prade, appréhendant qu'il ne fût venu trop tard, était combattu de crainte, et ressentait de la joie et de la jalousie. Elvire était partagée entre la joie et la tristesse : la vue de son mari, réveillant dans son cœur un amour qui était déjà dans le cercueil, lui donnait quelque plaisir ; et cette même vue, qui devait étouffer, ou du moins partager les sentimens d'amour qu'elle avait pour Regnard, mêlait cette joie d'amertume. Regnard demeura interdit, désespéré, confus, accablé ; et, voulant s'en imposer à lui-même, il cherchait des raisons pour ne pas croire ce qu'il voyait. Mais il fallut enfin céder à la vérité ; et, quand il en fut entièrement persuadé, il s'approcha d'Elvire, après avoir été long-temps immobile; et, n'ayant plus de ménagemens à garder, il ne se soucia pas de dissimuler plus long-temps. — Vous ne serez donc point à moi, lui dit-il d'une voix qui marquait assez le serrement de son cœur ; vous ne serez point à moi: et, pour comble de malheurs, mon désespoir va m'entraîner en des lieux où je ne vous reverrai jamais, et où je vais finir les restes d'une vie pleine de disgrâces. Pour vous, madame, vivez heureuse : le Ciel n'a pu voir vos larmes sans pitié, ni mon bonheur sans envie ; il vous a rendu cet époux que vous pleuriez tant, et me prive du bien qui devait me rendre parfaitement heureux. Ce m'est encore assez de joie pour tout le reste de ma vie de me souvenir que vous avez pu m'aimer un moment, pour me faire souffrir avec joie toute sorte de malheurs. Regnard ne put rien dire davantage, et Élvire ne répondit que par des larmes. De Prade se figura avec plaisir que c'était la joie qui les lui faisait répandre ; mais ceux qui connaissaient mieux la disposition de son cœur, crurent qu'un sentiment contraire en pouvait bien être la cause. Regnard, enfin, ne pouvant plus soutenir la présence de toutes ces personnes, dont chacune lui faisait sentir un supplice particulier, sortit d'auprès de sa belle Provençale, résolu de ne la plus voir.

Elvire, de son côté, était dans un étonnement qu'il n'est pas aisé de se figurer. Quelque joie qu'elle affectât de faire paraître, on voyait toujours au travers de cette feinte quelque altération qu'elle ne pouvait dissimuler; et quand elle fut un peu revenue de cette grande surprise, et qu'elle put faire réflexion au bizarre état où elle se trouvait : Tu crois donc, cruelle fortune, disait-elle en elle-même, qu'on puisse changer aussi souvent que toi, et, suivant tes différens caprices, prendre différentes passions? et toi, sévère devoir, penses-tu pouvoir rentrer dans un cœur toutes les fois qu'il te plaira ? Ne sais-tu pas quelle violence je me suis faite pour ne pas aimer Regnard plutôt que je l'ai dû? Puis-je ne le plus aimer, quand j'ai pu une fois le faire sans crime ? Non, je l'aimerai toujours : il n'est que trop aimable, et je ne suis que trop disposée à l'aimer. Je dois, il est vrai, toute ma tendresse à mon époux; si je la partage, je lui fais un larcin dont le devoir s'offense ; le ciel me l'a rendu, je dois lui rendre mon cœur. Mais Regnard n'est-

il pas, pour ainsi dire, aussi mon époux?
et, après lui avoir donné la foi quand je
le pouvais, puis-je la lui ôter sans injustice? Il a droit de prétendre à ce que
je lui ai promis; et je ne lui ai rien promis, que je n'aie été en droit de lui accorder. A quels malheurs ne suis-je
point exposée! Faut-il oublier mon
mari? dois-je ne plus aimer Regnard?
Mais aimons-les tous deux, puisque je
l'ai pu; aimons de Prade par devoir,
et Regnard par inclination; donnons
la personne à l'un, et le cœur à l'autre.
Que le premier rentre dans ses droits!
que le second n'en sorte point! et con-
cilions enfin dans un même cœur deux
amours que personne ne peut con-
damner.

Le retour de de Prade auprès d'Elvire
fut célébré par de nouvelles noces.
Regnard ne voulut point être présent à
cette cruelle cérémonie, dont il aurait
dû être le sujet; il ne trouvait d'autre
consolation dans ses malheurs que de
croire qu'il ne pouvait plus lui en arriver.
Il partit, et, sans prendre de route certaine, il se trouva en Hollande : ce
pays, qui est l'asile de tant de gens,
n'en fut pas un pour lui; il y porta son
amour et son désespoir. Il demeura

XI.   7

quelques mois à Amsterdam, et, y ayant
appris que le roi de Danemarck était à
Oldembourg, il entreprit ce voyage
autant par chagrin que par curiosité.
Il y arriva un jour après le départ du
roi, qui en était parti pour retourner
en sa ville capitale; il le suivit, se
laissant toujours entraîner à son chagrin, il passa par Hambourg, et ne le
joignit qu'à Copenhague, où il eut
l'honneur de le saluer et de lui baiser
la main. Regnard ne fut qu'un mois à
la cour de Danemarck; son inquiétude
ne lui permettait pas de demeurer plus
long-temps en un même lieu, et, sem-
blable à ces gens qui sont travaillés
d'une longue insomnie, il cherchait son
repos dans son agitation. Il passa le
Sund, et se rendit à Stockholm dans le
temps que toute la cour était en joie des
premières couches de la reine. Regnard
reçut du roi de Suède le même honneur
que lui avait fait le roi de Danemarck:
il baisa la main de ce prince, qu'il eut
l'honneur d'entretenir plus d'une heure
sur ses voyages, et particulièrement
sur son esclavage, que le roi écoutait
avec beaucoup de plaisir, et que Regnard
ne pouvait réciter sans renouveler des
maux qui s'aigrissaient encore par le

souvenir. Le roi ayant ensuite proposé à Regnard de faire un voyage de Laponie, qu'il disait avoir voulu faire autrefois, et qu'il trouvait fort digne de la curiosité d'un homme qui voulait voir quelque chose d'extraordinaire, et voyant qu'il ne s'en éloignait pas beaucoup, il ordonna à M. Stein-Bielke, grand trésorier, seigneur d'un grand mérite, et qui lui servait de truchement auprès du roi, de lui donner des lettres nécessaires pour faciliter son voyage. Regnard ne fut pas long-temps à se déterminer ; il lui importait peu où il allât, pourvu qu'il s'éloignât : il se flattait même avec plaisir que les froids du nord pourraient un peu ralentir ses ardeurs, et, dans cette espérance, il partit pour cette grande entreprise. Ce voyage, mesdames, est si curieux et si plein de nouveautés, que, si je n'appréhendais de vous ennuyer, je vous en ferais au moins une légère description ; mais il vaut mieux réserver cela pour une autre fois, et vous dire seulement ce qui suffit pour savoir la suite de toute l'aventure. Regnard s'embarqua à Stockholm avec deux gentilshommes français, poussés du même désir que lui ; il passa jusqu'à Torno, qui est la dernière ville du monde du côté du nord, située à l'extrémité du golfe de Bothnie; il remonta le fleuve qui porte le même nom que cette ville, et dont la source n'est pas éloignée du cap du Nord; il pénétra enfin jusqu'à la mer Glaciale; et l'on peut dire qu'il ne s'arrêta qu'où l'univers lui manqua. Il revint à Stockholm, et rendit un compte exact au roi de ce pays, et des manières de vivre extraordinaires de ses habitans. Il ne demeura que fort peu de temps à Stockholm à son retour de la Laponie; et cherchant ensuite une nouvelle matière à ses travaux, il passa toute la mer Baltique, et vint débarquer à Dantzick, d'où il passa en Pologne. Le roi, qui était un des princes du monde le plus savant et le plus curieux, et qui sait si bien joindre à ces qualités une vertu héroïque, prit un plaisir extrême à faire réciter à Regnard la manière dont les Lapons vivaient, et ce qu'il y avait de rare dans le pays. Il ne se passa pas un jour pendant tout le temps qu'il demeura à Javarow, où était alors la cour de Pologne, que le roi ne l'envoyât chercher pour apprendre de lui ce qu'il souhaitait : il lui fit même l'honneur de le faire manger avec lui à sa table, à côté

de M. le marquis de Vitry, qui était
alors ambassadeur de France en cette
cour. Tous ces honneurs ne consolaient
point Regnard, et, étant toujours en-
traîné de son inquiétude, il passa en
Turquie, en Hongrie, en Allemagne.
Mais que lui servait de fuir loin, s'il
ne pouvait se fuir lui-même, et s'il était
inséparable de son chagrin ? Il trouvait
bien d'autres lieux, mais il ne rencontrait point l'indifférence, et il n'aurait
pas même voulu la trouver. Il revint
enfin en France, après deux ans d'absence, pour chercher du soulagement
au lieu même où il avait pris le mal. Il
se rendit à Paris, et il n'y a pas été long-
temps, que la fortune a eu l'air de se
déclarer pour lui. Il apprit la nouvelle
de la mort de de Prade : il partit à
l'instant ; il se rendit auprès d'Elvire,
qui pleurait encore la perte de son mari.
Elle ne parut pas fâchée de le revoir, mais cependant, la crainte de
nouveaux chagrins la détermina à
s'aller jeter dans un cloître.

———

CAPTIVITÉ

DE

MARMONTEL.

Un duc de l'ancien régime, dont le nom était d'Aumont, et dont l'esprit, à ce qu'on assure, était égal à zéro ; ce duc, dis-je, apprit qu'il courait de par le monde certaines pièces de vers, où il était assez maltraité : la rumeur publique accusa Marmontel d'être le coupable ; et, sur cette rumeur que rien encore n'avait appuyée, le duc sollicita et obtint une bonne lettre de cachet, qui confinait Marmontel à la Bastille. Voici comment il raconte son aventure.

J'étais à l'opéra, à la répétition

d'Amadis, pour entendre notre Oriane, lorsqu'on vint me dire que tout Versailles était en feu contre moi : qu'on m'accusait d'être l'auteur d'une satire contre le duc d'Aumont, que la haute noblesse en criait vengeance, et que le duc de Choiseul était à la tête de mes ennemis.

Je revins chez moi sur-le-champ, et j'écrivis au duc d'Aumont pour l'assurer que les vers qu'on m'attribuait n'étaient pas de moi, et que, n'ayant jamais fait de satire contre personne, je n'aurais pas commencé par lui. Il eût fallu m'en tenir là. Mais tout en écrivant, je me souvins qu'à propos de *Venceslas* et des mensonges publiés contre moi, le duc d'Aumont m'avait écrit lui-même qu'il fallait mépriser ces choses-là, et qu'elles tombaient d'elles-même lorsqu'on ne les relevait point. Je trouvai naturel et juste de lui renvoyer sa maxime, en quoi je fis une sottise. Aussi ma lettre fut-elle prise pour une nouvelle insulte, et le duc d'Aumont la produisit au Roi, comme la preuve du ressentiment que m'avait dicté la satire. Me moquer de lui en la désavouant, n'était-ce pas m'en accuser? ma lettre ne fit donc qu'attirer sa colère et celle de toute la cour. Je ne laissai pas de me rendre à Versailles, et en y arrivant, j'écrivis au duc de Choiseul.

« MONSEIGNEUR,

» On me dit que vous prêtez l'oreille » à la voix qui m'accuse et qui sollicite » ma perte. Vous êtes puissant ; mais » vous êtes juste : je suis malheureux , » mais je suis innocent. Je vous prie de » m'entendre et de me juger.

» Je suis, etc. »

Le duc de Choiseul , pour réponse , écrivit au bas de ma lettre, *dans demi-heure* , et me la renvoya. Dans demi-heure je me rendis à son hôtel , et je fus introduit. « Vous voulez que je vous entende, me dit-il : j'y consens. Qu'avez - vous à me dire ? » — Que je n'ai rien fait, Monsieur le duc , qui mérite l'accueil sévère que je reçois de vous, qui avez l'âme noble et sensible et qui jamais n'avez pris plaisir à humi-' lier le malheureux. — Mais, Marmontel, comment voulez-vous que je vous recoive , après la satire punissable que vous venez de faire contre M. le duc d'Aumont ? — Je n'ai point fait cette satire ; je le lui ai écrit à lui-même. — Oui, et dans votre lettre, vous lui avez fait une nouvelle insulte en lui rendant, en propres termes, le conseil qu'il vous avait donné. — Comme ce conseil était sage, je me suis cru permis de le lui rappeler ; je n'y ai pas entendu malice. — Ce n'en est pas moins une impertinence, trouvez bon que je vous le dise. — Je l'ai senti après que ma lettre a été partie. — Il en est fort blessé : il a raison de l'être. — Oui, j'ai eu ce tort-là, et je me le reproche comme un oubli des convenances : mais, M. le duc, cet oubli serait-il un crime à vos yeux ? — Non ; mais la parodie ? — La parodie n'est point de moi, je vous l'assure en honnête homme. — N'est-ce pas vous qui l'avez récitée ? — Oui, ce que j'en savais, dans une société, où chacun dit ce qu'il sait ; mais je n'ai pas permis qu'on l'écrivît, quoiqu'on ait bien voulu l'écrire. — Elle court cependant ! — On la tient de quelqu'autre. — Et vous, de qui la tenez-vous ? — (Je gardai le silence.) — Vous êtes le premier, ajouta-t-il, qu'on dise l'avoir récitée, et récitée de manière à déceler en vous l'auteur. —

Quand j'ai dit ce que j'en savais, lui répondis-je, on en parlait déjà : on en citait les premiers vers. Pour la manière dont je l'ai récitée , elle prouverait aussi bien que j'ai fait le *Misanthrope*, le *Tartuffe* et *Cinna* lui-même : car je me vante, M. le duc, de lire tout cela comme si j'en étais l'auteur. — Mais enfin cette parodie, de qui la tenez-vous ? C'est-là ce qu'il faut dire. — Pardonnez-moi, M. le duc, c'est là ce qu'il ne faut pas dire, et ce que je ne dirai pas. — Je gage que c'est de l'auteur. — Eh bien, M. le duc, si c'était de l'auteur, devrais-je le nommer ? — Et comment, sans cela, voulez-vous que l'on croie qu'elle n'est pas de vous ? toutes les apparences vous accusent : vous aviez du ressentiment contre le duc d'Aumont; la cause en est connue : vous avez voulu vous venger. Vous avez fait cette satire, et la trouvant plaisante, vous l'avez récitée : voilà qu'on dit, voilà ce que l'on croit, voilà ce qu'on a droit de croire. Que répondez-vous à cela ? — Je réponds que cette conduite serait celle d'un fou, d'un sot, d'un méchant imbécile, et que l'auteur de la parodie n'est rien de tout cela. Eh quoi! M. le duc, celui qui l'aurait faite aurait eu la simplicité, l'imprudence, l'étourderie, de l'aller réciter lui-même, sans mystère, en société ? Non ; il en aurait fait, en déguisant son écriture, une douzaine de copies qu'il aurait adressées aux comédiens, aux mousquetaires, aux auteurs mécontens. Je connais comme un autre cette manière de garder l'anonyme, et si j'avais été coupable, je l'aurais prise pour me cacher. Veuillez-donc vous dire à vous-même : Marmontel, devant dix personnes qui n'étaient pas ses intimes amis, a récité ce qu'il savait de cette parodie : donc il n'en était pas l'auteur. Sa lettre à M. le duc d'Aumont est d'un homme qui ne craint rien : donc il se sentait fort de son innocence, et croyait n'avoir rien à craindre. Ce raisonnement, M. le duc, est le contrepied de celui qu'on m'oppose et n'en est pas moins concluant. J'ai fait deux imprudences : l'une, de réciter des vers que ma mémoire avait surpris, et de les avoir dits sans l'aveu de l'auteur. — C'est donc bien à l'auteur que vous les avez entendu dire ? — Oui, à l'auteur lui-même ; car je ne veux point vous mentir. C'est donc à lui que j'ai manqué, et c'est là ma première faute.

L'autre a été d'écrire à M. le duc d'Aumont, d'un ton qui avait l'air ironique et pas assez respectueux. Ce sont là mes deux torts, j'en conviens, mais je n'en ai point d'autres. — Je le crois, me dit-il, vous parlez en honnête homme. Cependant vous allez être envoyé à la Bastille. Voyez M. de Saint-Florentin ; il en a reçu l'ordre du Roi. — J'y vais, lui dis-je ; mais puis-je me flatter que vous ne serez plus au nombre de mes ennemis ? Il me le promit de bonne grâce, et je me rendis chez le ministre qui devait m'expédier ma lettre de cachet.

Celui-ci me voulait du bien ; sans peine il me crut innocent. — Mais, que voulez-vous, me dit-il ; M. le duc d'Aumont vous accuse, et veut que vous soyez puni. *C'est une satisfaction qu'il demande pour récompense de ses services et des services de ses ancétres. Le Roi a bien voulu la lui accorder* (1). Allez vous en trouver M. de

---

(1) Monument curieux à conserver comme un échantillon de cet excellent et tant *regrettable* ancien régime.

Sartines. Je lui adresse l'ordre du Roi ; vous lui direz que c'est de ma part que vous venez le recevoir. Je lui demandai si, auparavant, je pouvais me donner le temps de dîner à Paris : il me le permit.

J'étais invité ce jour-là chez mon voisin, M. de Vaudésir, homme d'esprit et homme sage, qui, sous une épaisse enveloppe, ne laissait pas de réunir une littérature exquise, beaucoup de politesse et d'amabilité. Hélas ! son fils unique était ce malheureux Saint-James, qui, après avoir dissipé follement une grande fortune qu'il lui avait laissée, est allé mourir insolvable à cette Bastille où l'on m'envoyait.

Après dîner, je confiai mon aventure à mon ami Vaudésir, qui me fit de tendres adieux. De là je me rendis chez M. de Sartines, que je ne trouvai point chez lui : il dînait ce jour - là en ville, et ne devait rentrer qu'à six heures. Il en était cinq ; j'employai l'intervalle à aller prévenir et rassurer sur mon infortune ma bonne amie, madame Harene. A six heures, je retournai chez le

lieutenant de police ; il n'était pas instruit de mon affaire , ou il feignait de
l'ignorer. Je la lui racontai ; il en parut
fâché. « Lorsque nous dînâmes ensemble , me dit-il, chez M. le baron d'Hol-
bach , qui aurait prévu que la première
fois que je vous reverrais, ce serait pour
vous envoyer à la Bastille ? Mais je n'en
ai pas reçu l'ordre. Voyons si , en mon
absence , il est arrivé dans mes bu-
reaux. » Il fit appeler ses commis ;
et ceux-ci n'ayant entendu parler de
rien : « Allez-vous-en coucher chez
vous, me dit-il, et revenez demain
sur les dix heures , ce sera tout aussi
bon. »

J'avais besoin de cette soirée pour ar-
ranger le *Mercure* du mois. J'envoyai
donc prier à souper deux de mes amis :
et , en les attendant, je passai chez madame Geoffrin pour lui annoncer ma
disgrâce. Elle en savait déjà quelque
chose , car je la trouvai froide et triste.
Mais, quoique mon malheur eût pris
sa source dans la société , et qu'elle-
même en fût la cause involontaire , je
ne touchai point cet article ; et je crois
qu'elle m'en sut bon gré.

Les deux amis que j'attendais étaient

Suard et Coste ; celui-ci, jeune Toulou-
sain avec lequel j'avais été en société
dans sa ville ; l'autre, sur lequel je
comptais pour la vie, était l'ami de
cœur que je m'étais choisi. Il voulait
bien m'entretenir dans cette douce illusion, en m'offrant librement lui-
même les occasions de lui être utile. Il
m'aurait offensé s'il eût paru douter du
plein droit qu'il avait de disposer de
moi. Le désir de les occuper utilement
pour eux - mêmes m'avait fait entreprendre une collection des morceaux
les plus curieux des anciens *Mercures*.
Ils en faisaient le choix en se jouant ; et
les mille écus, net, que produisait cette
partie de mon domaine, se partageaient
entre eux.

Nous passâmes ensemble une partie
de la nuit à tout disposer pour l'impression du *Mercure* prochain ; et,
après avoir dormi quelques heures, je
me levai, fis mes paquets, et me rendis
chez M. de Sartines, où je trouvai
l'exempt qui allait m'accompagner.
M. de Sartines voulait qu'il se rendît à
la Bastille dans une autre voiture que la
mienne. Ce fut moi qui me refusai à
cette offre obligeante ; et dans le même

fiacre, mon introducteur et moi nous arrivâmes à la Bastille. J'y fus reçu dans la salle du conseil par le gouverneur et son état-major ; et là, je commençai à m'apercevoir que j'étais bien recommandé. Ce gouverneur, M. Abadie, après avoir lu les lettres que l'exempt lui avait remises, me demanda si je voulais qu'on me laissât mon domestique, à condition cependant que nous serions dans une même chambre, et qu'il ne sortirait de prison qu'avec moi. Ce domestique était Bury. Je le consultai là-dessus : il me répondit qu'il ne voulait pas me quitter. On visita légèrement mes paquets et mes livres, et l'on me fit monter dans une vaste chambre, où il y avait pour meubles deux lits, deux tables, un bas d'armoire et trois chaises de paille. Il faisait froid ; mais un geôlier nous fit bon feu, et m'apporta du bois en abondance. En même temps on me donna des plumes, de l'encre et du papier, à condition de rendre compte de l'emploi et du nombre des feuilles que l'on m'aurait remises.

Tandis que j'arrangeais ma table pour me mettre à écrire, le geôlier re-

vint me demander si je trouvais mon lit
assez bon. Après l'avoir examiné, je répondis que les matelas en étaient mauvais et les couvertures malpropres. Dans
la minute tout cela fut changé. On me fit
aussi demander quelle était l'heure de
mon dîner : je répondis, l'heure de tout
le monde. La Bastille avait une biblio-
thèque, le gouverneur m'en envoya
le catalogue, en me donnant le choix
des livres qui la composaient ; je le
remerciai pour mon compte ; mais
mon domestique demanda pour lui les
romans de Prévost, et on les lui apporta.

De mon côté, j'avais assez de quoi me
sauver de l'ennui. Impatienté depuis
long-temps du mépris que les gens de
lettres témoignaient pour le poëme de
Lucain, qu'ils n'avaient pas lu, et qu'ils
ne connaissaient que par la version barbare et ampoulée de Brebeuf, j'avais
résolu de le traduire plus décemment et
plus fidèlement en prose, et ce travail
qui m'appliquerait sans fatiguer ma
tête, se trouvait le plus convenable au
loisir solitaire de ma prison. J'avais
donc apporté avec moi la *Pharsale* ;
et, pour l'entendre mieux, j'avais eu

soin d'y joindre les Commentaires de César.

Me voilà donc au coin d'un bon feu , méditant la querelle de César et de Pompée , et oubliant la mienne avec le duc d'Aumont. Voilà, de son côté, Bury , aussi philosophe que moi , s'amusant à faire nos lits , placés dans les deux angles opposés de ma chambre , éclairée dans ce moment par un beau jour d'hiver , nonobstant les barreaux de deux fortes grilles de fer qui me laissaient la vue du faubourg Saint - Antoine.

Deux heures après , les verroux des deux portes qui m'enfermaient , me tirent par le bruit de ma profonde rêverie ; et deux geôliers , chargés d'un dîner que je crois le mien , viennent le servir en silence. L'un dépose devant le feu trois petits plats couverts d'assiettes de faïence commune : l'autre déploie , sur celle des deux tables qui était vacante , un linge un peu grossier, mais blanc. Je lui vois mettre sur cette table un couvert assez propre, cuiller et fourchette d'étain , du bon pain de ménage et une bouteille de vin. Leur service fait, les geôliers se retirent, et les deux portes se referment avec le même bruit des serrures et des verroux.

Alors Bury m'invite à me mettre à table, et il me sert la soupe. C'était un vendredi. Cette soupe en maigre était une purée de fèves blanches, au beurre le plus frais, et un plat de ces mêmes fèves fut le premier que Bury me servit. Je trouvai tout cela très-bon. Le plat de morue qu'il m'apporta pour le second service était meilleur encore. La petite pointe d'ail l'assaisonnait avec une finesse de saveur et d'odeur qui aurait flatté le goût du plus friand Gascon. Le vin n'était pas excellent, mais il était passable. Point de dessert; il fallait bien être privé de quelque chose. Au surplus, je trouvai qu'on dînait fort bien en prison.

Comme je me levais de table, et que Bury allait s'y mettre (car il y avait encore de quoi dîner pour lui dans ce qui restait), voilà mes deux geôliers qui rentrent avec des pyramides de nouveaux plats dans les mains. A l'appareil de ce service en beau linge, en belle faïence, cuiller et fourchette d'argent, nous reconnûmes notre méprise ; mais nous ne fîmes semblant de rien, et lorsque nos geôliers, ayant déposé tout cela, se furent retirés : « Monsieur, me dit Bury, vous venez de manger mon dîner ; vous trouverez bon que je mange le vôtre. — Cela est juste, lui répondis-je, et les murs de ma chambre furent, je crois, bien étonnés d'entendre rire. »

Ce dîner était gras, en voici le détail : un excellent potage, une tranche de bœuf succulent, une cuisse de chapon bouilli ruisselant de graisse et fondant, un petit plat d'artichaux frits en marinade, un d'épinards, une très-belle poire de crassane, du raisin frais, une bouteille de vin vieux de Bourgogne, et du meilleur café moka ; ce fut le dîner de Bury, à l'exception du café et du fruit qu'il voulut bien me réserver.

L'après-dîner, le gouverneur vint me voir, et me demanda si je me trouvais bien nourri, m'assurant que je le serais de sa table, qu'il aurait soin lui-même de couper mes morceaux, et que personne que lui n'y toucherait. Il me proposa un poulet pour mon souper ; je lui rendis grâce , et lui dis qu'un reste de fruit de mon dîner me suffirait. On vient de voir quel fut mon ordinaire à la Bastille, et l'on peut en induire avec quelle douceur , ou plutôt quelle répugnance l'on se prêtait à servir contre moi la colère du duc d'Aumont.

Tous les jours j'avais la visite du gouverneur. Comme il avait quelque teinture de belles-lettres et de latin , il se plaisait à suivre mon travail; il en jouissait. Mais bientôt, se dérobant lui-même à ces petites dissipations : « Adieu, me dit-il, je m'envais consoler des gens plus malheureux que vous. » Les égards qu'il avait pour moi pouvaient bien n'être pas une preuve de son humanité ; mais j'en avais d'ailleurs un bien fidèle témoignage. L'un des geôliers s'était pris d'amitié pour mon domestique, et bientôt il s'était familiarisé avec moi. Un jour donc que je lui parlais du naturel sensible et compatissant de M. Abadie : « Ah ! me dit-il, c'est le meilleur des hommes ; il n'a pris cette place, qui lui est si pénible, que pour adoucir le sort des prisonniers. Il a succédé à un homme dur et avare qui les traitait bien mal ; aussi quand il mourut, et que ce-lui-ci prit sa place, ce changement se fit sentir jusque dans les cachots ; vous auriez dit (expression bien étrange dans la bouche d'un geôlier), vous auriez dit qu'un rayon de soleil avait pénétré dans ces cachots. Des gens auxquels il nous est défendu de dire ce qui se passe au-dehors, nous demandaient qu'est-il donc arrivé ? Enfin, Monsieur, vous voyez comment est nourri votre domes-tique, nos prisonniers le sont presque tous aussi bien ; et les soulagemens, qu'il dépend de lui de leur donner, le soulagent lui-même, car il souffre à les voir souffrir. »

Je n'ai pas besoin de vous dire que ce geôlier lui-même était aussi un bon homme dans son état ; et je me gardai bien de le dégoûter de cet état, où la compassion est si précieuse et si rare.

La manière dont on me traitait à la Bastille, me faisait bien penser que je n'y serais pas long-temps; et mon tra-vail entre-mêlé de lectures intéressantes (car j'avais avec moi Montaigne, Horace et la Bruyère), me laissait peu de momens d'ennui. Une seule chose me plongeait quelquefois dans la mélancolie : les murs de ma chambre étaient couverts d'inscriptions, qui toutes portaient le caractère des réflexions tristes et sombres dont, avant moi, des malheureux avaient été sans doute obsédés dans cette prison. Je croyais les y voir encore errans et gémissans, et leurs ombres m'environnaient.

Mais un objet qui m'était personnel vint plus cruellement tourmenter ma pensée : j'avais pour connaissance, je dirai même pour ami, un brave homme appelé Durant, qui n'était remarquable que par une grande simplicité de mœurs.

Or, un matin, le neuvième jour de ma captivité, le major de la Bastille entra chez moi, et d'un air grave et froid, sans aucun préambule, il me demanda si un nommé Durant était connu de moi. Je répondis que je connaissais un homme de ce nom. Alors s'asseyant pour écrire, il continue son interrogatoire, l'âge, la taille, la figure de ce nommé Durant, son état, sa demeure, depuis quel temps je l'avais connu, dans quelle maison : rien ne fut oublié ; et à chacune de mes réponses, le major écrivait avec un visage de marbre. Enfin, m'ayant fait la lecture de mon interrogatoire, il me présente la plume pour le signer ; je le signe et il se retire.

A peine il est sorti, tous les *peut-être* les plus sinistres s'emparent de mon imagination. Qu'aura-t-il donc fait ce bon Durant ? Il va tous les matins au café ; il y aura pris ma défense ; il y aura parlé avec trop de chaleur contre le duc d'Aumont ; il se sera répandu en murmures contre une autorité partiale, injuste, oppressive, qui accable l'homme innocent et faible pour complaire à l'homme puissant. Sur l'imprudence de ces propos, on l'aura lui-même arrêté ; et, à cause de moi, et pour l'amour de moi, il va gémir dans une prison plus rigoureuse que la mienne. Faible comme il l'est, bien moins jeune, et bien plus timide que moi, le chagrin va le prendre, il y succombera ; je serai cause de sa mort. Et la pauvre madame Harenc, et tous nos bons amis, dans quel état ils doivent être ! O Dieu ! que de malheurs mon imprudence aura causés ! C'est ainsi

XI. 8

que, dans la pensée d'un homme captif, isolé, solitaire, dans les liens du pouvoir absolu, la réflexion grossit tous les mauvais présages et lui environne l'âme de noirs pressentimens. Dès ce moment je ne dormis plus d'un bon sommeil; tous ces mets que le gouverneur me réservait avec tant de soin, furent trempés d'amertume. Je sentais dans le foie comme une meurtrisure; et si ma détention à la Bastille avait duré huit jours encore, elle aurait été mon tombeau.

Enfin, le onzième jour de ma détention, la nuit tombante, le gouverneur vint m'annoncer que la liberté m'était rendue; et le même exempt, qui m'avait amené, me ramena chez **M.** de Sartine.

Ce magistrat me témoigna quelque joie de me revoir, mais une joie mêlée de tristesse. «— Monsieur, lui dis-je, dans vos bontés dont je suis bien reconnaissant, je ne sais quoi m'afflige encore; en me félicitant, vous avez l'air de me plaindre, auriez - vous quelque autre malheur à m'annoncer? (Je pensais à Durant). — Hélas! oui, me dit-il, et ne vous en doutez-vous pas? Le Roi vous ôte le *Mercure*. » Ces mots me soulagèrent, et d'un signe de tête exprimant ma résignation, je répondis : « Tant pis pour le *Mercure*. » Le mal, ajouta-t-il, n'est peut-être pas sans remède. M. de Saint-Florentin est à Paris ; il s'intéresse à vous : allez le voir demain matin.

FIN DU TOME ONZIÈME.